キャラクター設定で使える
クリエイターのための
職業と組織事典

著　秀島 迅
監修　高田晃一

日本文芸社

はじめに

　『名前』『年齢』『性別』──。
　一般的な物語創作において、上記の３項目は登場人物を設定するうえで、まず最初に決めるべき必須要素です。
　キャラクターをつくり上げるために設定しなければならない重要ポイントは、そこから複数派生します。
　たとえば、『性格』。メンタル傾向はキャラクター造成に大きく関わるうえ、ストーリーの進行にも多大な影響を及ぼします。
　顔立ちをはじめ、背丈や体格を象る『身体的特徴』もまた、読者の脳内にキャラクターのビジュアルイメージを喚起させるために絶対欠かせません。
　ほかにも、『知能指数』『性癖』『好き嫌い』『居住地』など、細かく挙げればきりがない個々の設定ディテールですが、なかでも無視できない大切なもののひとつとして『職業』の設定があります。
　「何の仕事を生業としているか？」というシンプルな問いは、現実世界でも、その人となりを表す不可欠なファクターです。
　想像してみてください。

刑事といえば、目つきが鋭くて、洞察力の優れた人。
　消防士といえば、タフで屈強な体つきの果敢な人。
　大臣といえば、権力者で偉いけど、どこか油断ならない人。
　このように誰しも心には、インプットされた情報群をベースにつくられた独自のキャライメージ像が出来上がっているはずです。
　物語の登場人物には、役割に応じて適切と思える『職業』を書き手があてがっていくわけですが、じつはここに問題が横たわります。
　各々のイメージ像に与えられる『職業』が本当に最適で、間違っていないといい切れるでしょうか？
　あるいは、安易な発想とネット検索情報から、イージーに配役と『職業』の関係性を決めつけていませんか？
　本書を読めば、目からウロコの絶対的正解が得られます。
　そして、今後あなたのクリエイティビティを刺激する執筆パートナーとして、幅広く役立つことをお約束します。
　今まで〝ありそうでなかった〟この一冊を、ぜひとも物語創作の一助としてお役立てください。

本書の見方

PART.1 〜 PART.7 【組織・相関図】

① 下記の組織図、相関図のタイトルを記しています。
② 組織や業界についての概要を記しています。
③ 組織図、相関図を記しています。
④ 組織や業界に関するポイントを記しています。

PART.1 〜 PART.7 【本文】

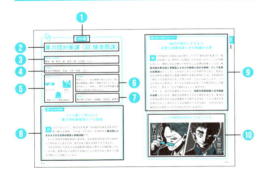

穴があくほど
読み込むネモよ

① 解説する職業が属する組織や業界を記しています。
② 解説する職業を記しています。
③ 関連する部署や組織、人を記しています。
④ 職業の役職や役割、属性を記しています。
⑤ 仕事をするのに必須のアイテムを記しています。
⑥ 職業に就くために必要な資格を記しています。
⑦ 職業に就くうえで必要な技能や、職業経験から得られる技能を記しています。
⑧ 主な仕事内容を記しています。
⑨ 職業を創作で登場させる際のコツを解説しています。
⑩ 職業に関連することを、図やイラストで簡単に紹介しています。

巻末企画

クリエイターのための 職業検定

本書の最後で、PART.1 〜 PART.7 で取り上げた職業を使って、実際に職業設定を考えてみるためのシートを用意しました。ぜひ挑戦してみてください。

目次

はじめに ……………………………………………………… 002
本書の見方 …………………………………………………… 004

PART.1 警察

日本の警察組織図 …………………………………………… 010

- ❶ 捜査一課 ………………… 012
- ❷ 捜査二課 ………………… 014
- ❸ 捜査三課 ………………… 016
- ❹ 暴力団対策課(旧:捜査四課)… 018
- ❺ 科学捜査研究所(科捜研)… 020
- ❻ 警護課 …………………… 022
- ❼ 公安総務課 ……………… 024
- ❽ 交番勤務員 ……………… 026

COLUMN 1 民や国を守る職業は
物語に感動を生みやすい ……………………………… 028

PART.2 医療・消防

医療・消防の組織と相関図 ………………………………… 030

- ❶ 外科医 …………………… 032
- ❷ 精神科医 ………………… 034
- ❸ 小児科医 ………………… 036
- ❹ 研修医 …………………… 038
- ❺ 看護師 …………………… 040
- ❻ 診療放射線技師 ………… 042
- ❼ 入院患者 ………………… 044
- ❽ 歯科医 …………………… 046
- ❾ 獣医 ……………………… 048
- ❿ 救急救命士 ……………… 050
- ⓫ 消防士 …………………… 052

COLUMN 2	令和の医療系物語には チームワークが不可欠 …………… 054

PART.3 司法・法務

司法・法務の組織と相関図 …………………………………… 056

- ❶ 検察官 ……………… 058
- ❷ 弁護士 ……………… 060
- ❸ 裁判官 ……………… 062
- ❹ 刑務官 ……………… 064
- ❺ 保護司 ……………… 066
- ❻ 受刑者 ……………… 068

COLUMN 3	専門知識を書きすぎると 逆に読者は読みづらい ……………… 070

PART.4 立法・行政

立法・行政の組織と相関図 …………………………………… 072

- ❶ 大臣 ………………… 074
- ❷ 国会議員 …………… 076
- ❸ 議員秘書 …………… 078
- ❹ 政治団体職員 ……… 080
- ❺ 政界フィクサー …… 082

COLUMN 4	フィクションかノンフィクションか 政治設定は明確に ……………………… 084

PART.5 自衛隊

自衛隊の組織図 ………………………………………………… 086

- ① 陸上自衛隊 ………………… 088
- ② 海上自衛隊 ………………… 090
- ③ 航空自衛隊 ………………… 092

COLUMN 5　創作で自衛隊を扱うには
専門用語を覚える根気が必要 ………………… 094

PART.6 マスコミ・芸能

マスコミ・芸能の組織と相関図 ………………… 096

- ① テレビ局・プロデューサー … 098
- ② テレビ局・ディレクター … 100
- ③ 芸能プロダクション … 102
- ④ 映画監督 ………………… 104
- ⑤ アナウンサー ………………… 106
- ⑥ 俳優 ………………… 108
- ⑦ アーティスト ………………… 110
- ⑧ アイドル ………………… 112
- ⑨ YouTuber ………………… 114
- ⑩ 記者 ………………… 116
- ⑪ 編集者 ………………… 118

COLUMN 6　芸能界への先入観は捨てて
実情を見極めることが大切 ………………… 120

PART.7 アンダーグラウンド

アンダーグラウンドの組織と相関図 ………………… 122

- ① 指定暴力団 ………………… 124
- ② 半グレ ………………… 126
- ③ 闇バイト ………………… 128
- ④ 詐欺師 ………………… 130
- ⑤ ニンベン師 ………………… 132
- ⑥ 情報屋 ………………… 134
- ⑦ ヒットマン ………………… 136
- ⑧ マフィア ………………… 138

| COLUMN 7 | 戦うべき敵キャラなくして
名作は成立しない ……………………………………… 140 |

巻末企画　クリエイターのための**職業検定**

創作のコツ 1	あらゆる職業の知識を身につければ、 解像度の高いストーリーがつくれる ……………… 142
創作のコツ 2	厳しい上下関係を利用して 主人公の苦悩を描くのも鉄板 …………………………… 144
創作のコツ 3	どんなジャンルにも使える 覚えておきたい7つの職業分野 ……………………… 146

警察編 ……………………… 148
医療・消防編 ……………… 149
司法・法務編 ……………… 150
立法・行政編 ……………… 151
自衛隊編 …………………… 152

マスコミ・芸能編 ………… 153
アンダーグラウンド編 …… 154
問題解答編 ………………… 155
創作実践編 ………………… 156
創作解答編 ………………… 157

おわりに ……………………………………………………………… 158

BOOK STAFF

編集	細谷健次朗（株式会社G.B.）
編集協力	吉川はるか、池田麻衣
カバー・本文イラスト	真崎なこ
図版	Q.design
装丁・本文デザイン	別府 拓、奥平菜月（Q.design）
校正	聚珍社

PART.1

警察

日本の警察組織図

1 各都道府県の警察組織図

（府警察及び指定県の県警察：14府県）

東京都

- 東京都知事
  - （所轄）
- 東京都公安委員会
  - 委員（5人）
  - （管理）
- 警視庁
  - 警視総監
    - 総務部
    - 警務部
    - 交通部
    - 警備部
    - 地域部
    - 公安部
    - 刑事部
    - 生活安全部
    - 組織犯罪対策部

💡 46の道府県が道府県警という名称であるのに対し、東京都だけが警視庁という特別な名称である。

- 警視庁警察学校
- 警察署
  - 警察署協議会
- 交番その他の派出所・駐在所

北海道

- 北海道知事
  - （所轄）
- 北海道公安委員会
  - 委員（5人）
  - （管理）
- 方面公安委員会
  - （函館）
  - （旭川）
  - （釧路）
  - （北見）
  - 委員（3人）
  - （管理）
- 方面本部
  - 本部長
- 道警察本部
  - 道警察本部長
    - 総務部
    - 警務部
    - 生活安全部
    - 地域部
    - 刑事部
    - 交通部
    - 警備部

💡 道県警はほかの県警と比べると独立性が高い。

- 市警察部（札幌市）
- 道警察学校
- 警察署
  - 警察署協議会
- 交番その他の派出所・駐在所

府県

- 府県知事
  - （所轄）
- 府県公安委員会
  - 委員（5人）
  - （管理）
- 府県警察本部
  - 府県警察本部長
    - 総務部（新潟、岡山、熊本を除く）
    - 警務部
    - 生活安全部
    - 地域部（熊本を除く）
    - 刑事部
    - 交通部
    - 警備部
    - 暴力団対策部（福岡）
- 市警察部（14府県19市）
- 府県警察学校
- 警察署
  - 警察署協議会
- 交番その他の派出所・駐在所

約30万人の人員を有する日本の警察組織は、都道府県によって組織体系が若干異なる。また、警察庁は警視庁及び道府県の警察を指揮監督する組織。それだけに、警察庁長官は警視総監よりも格上の存在となる。

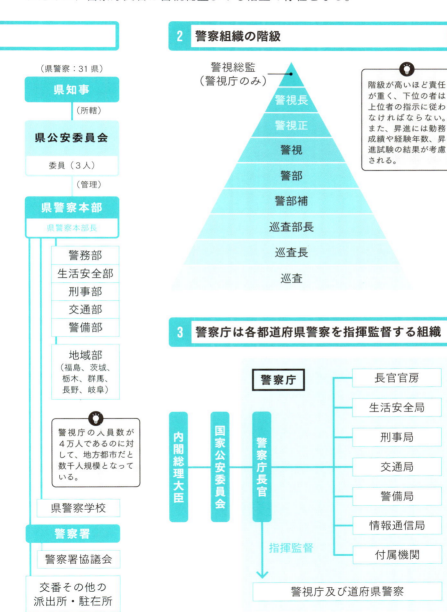

警察 ❶

捜査一課

【関連する部署】
所轄警察署の刑事課　機動捜査隊　捜査一課特殊犯捜査係（SIT）　など

【役職】
捜査一課長　理事官　管理官　係長　主任　係員　など

【必須アイテム】

警察手帳

手錠

白い手袋

【資格】
一定年数の勤務経験のある警察官でないと配属されない。また、品行方正であること、警察学校で優秀な成績を修めた者、犯人検挙数が多い者が優遇される。

【技能】
柔道、剣道、逮捕術、取調べの技能

✓ 主な仕事内容

体力勝負の仕事だけではなく、書類整理が中心のデスクワークも

小説はいうに及ばず、ドラマや映画でもっとも扱われる"捜査一課"は、**殺人をはじめ、放火、強盗、誘拐といった凶悪犯罪を担当**。一課内では事件により係が細分化されています。

- 強行犯係：殺人、傷害致死、死体遺棄を捜査
- 継続強行犯係：長期にわたる未解決の事件を捜査
- 広域強行犯係：強盗、強制わいせつを捜査
- 特殊犯係：立てこもり、誘拐、放火を捜査
- 検視調査係：現場での事件性を判断する係

☑ 創作で登場させるコツ

学歴不問の叩き上げ刑事でも
警察の花形トップに上り詰められる

　事件の発生によって、多くの物語は幕が開きます。ストーリーの要となり、起承転結のトリガーともなる事件は、当然ながら謎に満ちた残忍な凶悪犯罪であるほど展開を大いに盛り上げます。

　ここで重要なのが**「追われる側」と「追う側」の関係性**。すなわち犯人と警察のせめぎ合いです。殺人、放火、強盗、誘拐など社会の敵である凶悪犯罪の捜査を担う〝捜査一課〟は、創作における花形ポジション。正義のヒーロー、あるいは法の執行者として悪人に鉄槌を下すべく、主役級の役割を演じて読者を魅了します。

　捜査一課がフォーカスされるのは、担当する事件の凶悪性だけではありません。**エリート街道を進む一流大学卒のキャリア組以外の叩き上げ刑事でも捜査一課長になれるからでしょう**。努力と実力次第で警察の花形トップに上り詰められるドラマ性が読者の共感と応援をいざないます。等身大のヒーローキャラにふさわしい条件が捜査一課には揃っているわけです。

意外と地味な捜査一課刑事の日常業務

定時出勤

聞き込み

書類整理

PART.1 警察

警察❷

捜査二課

【関連する部署】
組織犯罪対策部　捜査一課　公安捜査課　所轄警察署の刑事課　など

【役職】
捜査二課長　理事官　管理官　係長　係員　など

【必須アイテム】

帳簿

警察手帳

覆面パトカーの着脱式赤色灯

【資格】
知能犯担当として大きな経済事件や選挙事件も扱い、警察内の〝切れ者集団〟といわれる。特に警視庁の捜査二課長はキャリア組が就くエリートコースとされる。

【技能】
口の堅さ、緻密さ、帳簿などの理解力

☑ 主な仕事内容

知能犯を捜査し
政治と経済を蝕む大事件も取り締まる

暴力的手段による犯罪ではなく、知能を駆使した犯罪を取り締まる〝捜査二課〟。主に担当するのは**詐欺、通貨偽造、横領、背任、文書偽造、贈収賄といった、金銭と企業に関連する犯罪**です。

選挙違反も担当し、その捜査範疇は政治と経済を蝕む要人の絡んだ大事件まで網羅するため、刑事部きってのエリートコースと評されます。それゆえ捜査二課をまとめる二課長は、警視総監の登竜門といわれるほど。捜査一課とは異なり、通常はキャリア組のなかでも特に切れ者の刑事が課長として任命されます。

☑ 創作で登場させるコツ

サイバー犯罪も取り締まる
刑事部きってのエリート集団

捜査一課の陰に隠れるようにあまり脚光を浴びなかった"捜査二課"ですが、昨今にわかに注目されています。

最大の理由は、時流に乗ったというべきでしょうか、世の中がその力を必要としているのも一因です。まず犯罪傾向として**知能犯が急増した背景があります**。オレオレ詐欺をはじめ特殊詐欺事件はいまだあとを絶ちません。トクリュウと呼ばれる匿名・流動型犯罪が社会を震撼させる凶悪事件を引き起こしているのも周知の通りです。

捜査二課ではこれら事件の源となるサイバー犯罪も扱います。

物語創作では常に旬の題材を扱って新しいオリジナルストーリーをつくらなければなりません。**世間が注視する知能犯に特化してサイバー犯罪を取り締まる捜査二課はおいしいネタ揃いです**。

しかも課内の面子は刑事部きってのエリート集団。クセの強い個性派のキャラ立ち刑事をキャスティングすれば、それだけでユニークかつ魅力的な物語の舞台設定が完了します。

知能犯を追う頭脳派刑事という設定が面白い

捜査三課

【関連する部署】
鑑識課　科学捜査研究所　所轄警察署の刑事課　交番　など

【役職】
捜査三課長　係長　主任　係員　など

【必須アイテム】

白い手袋

警察手帳

警笛

【資格】
「刑事は盗犯ではじまり、盗犯で終わる」という言葉があり、主に盗犯を担当する捜査三課では捜査の基本を身につけられるといわれている。

【技能】
現場検証能力、証言を引き出す技術

✓ 主な仕事内容

毎日のように頻発する窃盗事件を取り締まる多忙なセクション

窃盗事件を専門に追うのが〝捜査三課〟です。**全刑法犯の7割以上を占めるといわれる通称「盗犯」**の対象はじつにさまざま。家屋を狙う空き巣事件、事務所荒らしなどの侵入盗事件、道行く人たちを標的にするひったくり事件、さらには自転車泥棒や万引き、置き引きと、枚挙にいとまがありません。

　捜査三課の最大の特徴とは、とにかく捜査を担当する犯罪件数の多さでしょう。刑事たちは毎日のように頻発する窃盗事件を取り締まっています。

☑ 創作で登場させるコツ

ベテラン刑事になれば
現場を見ただけで犯人像を割り出せる

扱う事件の性質から、"捜査三課"の刑事は「いぶし銀」的な渋い魅力が持ち味となります。というのも、盗犯は同じ手口で犯罪を繰り返す可能性が高いため、三課の刑事には**熟知した固有の手口を得意分野として活躍する職人気質のプロが多数存在**します。

その道一筋というベテラン刑事になれば、現場の荒らされ具合を一瞥しただけで犯人像を割り出せるといわれるほどです。

捜査三課の刑事たちを描く際のポイントは、地域密着型。

前述の一課や二課とは異なり、犯人はふとした出来心で駐輪してあった自転車を盗んだり、スーパーマーケットで生鮮食品を万引きしたりと、ごく普通の学生や主婦である可能性も大です。そのため事件が発生してから捜査に当たるだけでなく、被害拡大と再発の防止を念頭に置いて地道な活動を続けています。

切れ味や派手さでは一課や二課に及ばないものの、人情味のあるキャラを描けば刑事ドラマに欠かせない存在となるでしょう。

PART.1 警察

三課には手口を解析する「手口捜査係」もある

窃盗事件現場を
多角的な視点で分析して
犯人を割り出す

- 動機
- 犯人像
- 侵入方法
- 逃走経路

017

警察❹

暴力団対策課（旧：捜査四課）

【関連する部署】
捜査二課　捜査一課　捜査三課　公安部　など

【役職】
暴力団対策課長　係長　主任　係員　など

【必須アイテム】

サングラス

派手な
スーツ

覆面パトカーの着脱式赤色灯

【資格】
刑事として一定の経験を積んでおり、特に暴力団関連の事件で実績をあげていることが望ましい。同時に、高度な法令知識や裏社会への知見が求められる。

【技能】
暴力団への知見、格闘術、交渉力、精神力

✓ 主な仕事内容

「マル暴」と呼ばれる暴力団犯罪捜査のプロ集団

読んで字のごとく、"暴力団対策課"は広域指定暴力団を専門に取り締まる部署。「マル暴」と呼ばれ、仕事内容は**暴力団によるさまざまな犯罪の捜査と排除活動**です。

かつては刑事部捜査四課と呼ばれ、暴力団犯罪捜査のプロ集団として知られていましたが、改名されて現在の名称になりました。

令和以降は日々変化する組織犯罪の動向に関する情報収集とそれらの分析、新興の反社会勢力や外国人による犯罪の取り締まりも捜査対象として活動しています。

☑ 創作で登場させるコツ

創作の題材とするなら
高度な犯罪知識と法令知識が必須

暴 力団犯罪を昭和から取り締まってきた〝暴力団対策課（旧：捜査四課）〟は、刑事モノの物語に欠かせない存在として大活躍しました。警察のなかで極めて特殊なこの部署の特徴といえば、**捜査対象の暴力団と見間違えるほどの強面と派手な服装、そして乱暴な言葉遣い**でしょう。これはフィクション世界だけでなく、現実に反社会勢力の構成員と業務上接触する機会が多いため、違和感のない身なりを意識するうち、自然に同化したといわれています。こうした外見上の特色は、キャラ立ち要素が詰まった登場人物として描きやすく、書き手にとって極めておいしい逸材です。

その一方、暴力団を題材とするなら、**高度な犯罪知識と法令知識が必要**となります。裏社会の情勢をリアルに描写するには、暴力団と刑事の間で交わされる複雑怪奇な隠語も不可欠。さらに時事ネタを盛り込むことが同ジャンルの暗黙ルールでもあり、生半可な取り組みでは上質なエンタメ作品に仕上げられません。

どっちが警察官か区別がつかないことも

PART.1 警察

警察❺

科学捜査研究所（科捜研）

【関連する部署】
鑑識課　捜査一課　捜査二課　交通部　組織犯罪対策部　など

【役職】
専門官　専門科長　研究員主任　研究員技師　など

【必須アイテム】

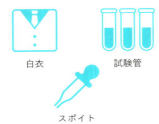

白衣　　試験管

スポイト

【資格】
警察官とは別に、はじめから科捜研の職員として採用される。「法医」「化学」「文書」といった各部門ごとの業務に必要な知識を大学や大学院で学んでいる必要がある。

【技能】
科学的分析技術、鑑定技能、データ解析力

✅ 主な仕事内容

「法医」「化学」「物理」「文書」「心理」各分野のプロフェッショナルが集う

難　事件の手口を追及し、多角的な最先端科学の力をもってして犯罪の証拠を明らかにする〝科学捜査研究所〟。同部署が担う**鑑定は「法医」「化学」「物理」「文書」「心理」の各分野に分かれます**。

　「法医」は現場に残された血液や毛髪などのDNA検査を、「化学」は大麻や覚醒剤といった薬物の鑑定を主に扱います。「物理」は音声・画像の検査と銃器・刀剣類の鑑定、「文書」は筆跡および偽造書類や紙幣の鑑定、そして「心理」はポリグラフ（ウソ発見器）検査による犯人像のプロファイリングを行います。

> **創作で登場させるコツ**

老若男女のスペシャリストたちが活躍しやすい舞台

警 察本部の刑事部に所属しながらも、"科学捜査研究所"職員の身分は警察官ではありません。ゆえに**警察手帳をはじめ、拳銃や手錠は所持せず、捜査権もないため、単独では警察官としての職務は執行できません。**

業務の流れは、同じ刑事部の鑑識課と連携して、犯罪現場で採取した証拠を各専任者が鑑定するのが一般的。

一見すると地味な作業に映りますが、現場の最前線から離れた次元で科学捜査のスペシャリストたちが独自の視点にて事件の真相と真犯人を追及する物語スタイルは、今や欧米のエンタメ作品では定番。医学や科学技術の進歩によって次々と斬新な捜査手法が確立される背景もあり、幅広い層から支持されています。

さらに人気の理由は、キャスティングの妙にあります。

従来の警察モノといえば、タフガイの不死身刑事が難敵・強敵と対峙してカーチェイスや銃撃戦で事件を強引に解決しました。

が、それは昭和以前のお話。**現実離れした設定と展開は令和の現代では受け入れられにくくなっています。**

それよりは女性、新人、ベテランといった、老若男女の法医や化学のスペシャリストたちが、各々の才覚を発揮して活躍する物語のほうが意外性とドラマ性の高い構成として評価されます。

しかも切れ者の刑事たちが悪戦苦闘する姿を後目に、警察官ではない科学者たちが難事件を解決するのも一興。これもまた多様性が重視される時代の流れといえます。

同時に、ヒーロー的な力技のアクションストーリーよりも、知的スキルで難事件をスマートに解決するミステリーがウケるのは、昨今の創作世界の潮流なのでしょう。

警護課

【関連する部署】
機動隊　公安部　交通部　所轄警察署の警備課　など

【役職】
警護課長　係長　主任　係員　など

【必須アイテム】

黒スーツ

拳銃

サングラス

【資格】
柔道・剣道・合気道いずれかの上段者かつ拳銃射撃の上級者で、優れた身体能力があることのほか、英会話のスキルなど、求められる基準は高い。

【技能】
危機管理能力、格闘術、運転技術、瞬発力

主な仕事内容

内閣総理大臣をはじめ法律で定められた要人を守るのが任務

警　視庁警備部の〝警護課〟に所属する警察官をSPと呼びます。**内閣総理大臣をはじめ政府の要人、海外からの国賓など、法律で定められた重要人物を警護するのが任務**です。

日本のSPは「近接保護部隊」と「先着警護部隊」の2つの部隊に分かれます。警備対象者である重要人物の周辺を警護するSPが近接保護部隊。多くの方のイメージに近いのはこちらでしょう。

一方の先着警護部隊は、近接保護部隊よりも先に現場入りして状況確認をし、事件の予防を主たる任務としています。

✅ 創作で登場させるコツ

危険な使命を背負うキャラは いつの時代でも人気がある

一般的な認識として、SPとはいわゆるボディガードです。**自分の命と引き換えにしてでも大切な人を守る任務は、それだけで主人公の行動原理を強力にバックアップする礎**となります。

"警護課"の警察官であるSPは、国政を担うVIPをさまざまなアクシデントから守り抜くことが仕事です。SPになるには警察官であることはもちろん、柔道または剣道が三段以上で、拳銃の腕前が上級という条件をクリアしなければなりません。

このレベルに達する警察官は極めて稀だといいます。それでも希少ではあるものの女性のSPは現実に存在します。

と、ここまで条件が整っていれば、あとは主役のヒロインにふさわしい正義感あふれる性格と、過去の体験による葛藤や苦悩を肉付けするだけで物語が閃きそうです。女性SPを題材とした数多の作品は世に出ていますが、**危険と背中合わせの使命を背負うキャラはいつの時代も人気を博す**もの。ぜひ研究してみましょう。

女性のSPでかつてないオリジナルストーリーを！

警察 ❼

公安総務課

【関連する部署】
警察庁警備局　など

【役職】
公安総務課長　理事官　管理官　係長　主任　係員　など

【必須アイテム】

パソコン

スーツ

警察手帳

【資格】
業務の特殊性から、公安部門は警察組織のエリート集団といわれ、警察学校でのトップクラスの成績や、警察官としての優秀な実績をあげている必要がある。

【技能】
情報収集・分析技術、監視技術、記憶力

☑ 主な仕事内容

日本の治安維持に必要不可欠
全方位であらゆる危険を取り締まる

公安警察とは警視庁と道府県警察の公安部門をさす通称です。**日本の治安や国家体制を脅かすテロ、政治犯罪、外国による対日工作といった特殊犯罪の捜査と取り締まり**を担います。

公安警察の実働部隊の中枢は、警視庁内にある公安部だといわれ、その筆頭課として挙げられるのが〝公安総務課〟です。

同課はサイバーパトロールを含め、全方位であらゆる危険分子の情報収集活動を行う一方、公安警察内部の調整から法令解釈まで幅広く行う司令部的セクションとなります。

☑ **創作で登場させるコツ**

必要なら盗聴・盗撮も行う
スパイ的な性質も備える

国家レベルの重要案件に取り組む公安警察は、秘密主義的な部門としてほかの部署から独立したスタンスで動きます。よって関連性のある事件を追う刑事部とも情報の共有・交換は行わないという徹底ぶりです。そればかりか**公安警察官への指令は極秘の中央指揮センターから下され、警察署のトップや本部上官であっても知り得ない厳命で活動する場合もあります。**

さらに公安警察は外部協力者を使って公然と情報収集を行い、盗聴や盗撮といった特異な手法で捜査するなど、ほかの警察部門ではタブー視されるスパイ的な性質を備えます。それでいて公安は警察組織きってのエリート集団といわれます。

こうした特殊な権限を有する精鋭セクションは、物語世界では有効な存在として機能します。 ともすれば犯罪者側に精通しすぎるため、善悪の区別がつきにくくなり、結果として「闇の力」を持つラスボスキャラとしてのキャスティングも可能だからです。

公安警察が特にマークする事案一例

世界を股にかけるハッカー集団

国際的テロリスト集団

警察 ⑧

交番勤務員

【関連する部署】
各警察署の地域課　刑事課　生活安全課　警察本部通信指令室　など

【役職】
交番所長　主任　係員

【必須アイテム】

防弾チョッキ

自転車

無線

【資格】
警察官採用試験に合格して採用されたのち、警察学校で法学、警察実務などの知識・技能を身につける。卒業後は、各警察署に配属され、まず交番勤務となることが多い。

【技能】
現場対応力、逮捕術、対話術、地域理解

✓ 主な仕事内容

警察官としての基本業務が
ひと通り学べる現場

警察官を目指す人が警察学校を卒業すると、最初の2年間（一部では2年半）は、原則として交番勤務からスタートします。

交番での仕事は、警察官として身につけるべき司法書類の作成など基本業務がひと通り学べる現場です。

交番勤務の警察官は警察署の地域課の職員で、通常は2〜3名で一組となり、24時間の交代制で働きます。**交番は日本が最初に採用した制度**であり、世界一治安がよいと評されるのは交番が全国にくまなく配置されているからだといわれます。

☑ 創作で登場させるコツ

捜査一課の敏腕刑事も
まずは交番勤務からはじまる

交番勤務の警察官は、地元民にとって一番身近で心強い存在です。地域パトロールをはじめ、道案内や落とし物対応、住民からの相談受付と、さまざまな活動に従事します。もちろん事件や事故が発生した際には現場へ急行する任務が課せられ、110番通報を受けた通信指令本部から緊急出動要請が発せられることも。

制服に身を包んだ警察官のこれらの仕事は忙しくも地味に映りますが、のちに捜査一課で**敏腕刑事として大活躍する者も、まずは交番勤務で切磋琢磨**するわけです。また、交番勤務には父親ほど年齢の離れたベテラン巡査がいることもあり、殺人現場に赴けば多様なキャラクターの刑事や鑑識との接点もあります。

こういう視点で**新人警察官の働きを捉えると、数々の試練や苦難に直面する最前線での成長ドラマ**が描けます。

派手さはなくとも本編の前日譚（ぜんじつたん）として物語を紡ぐには、交番勤務の新人警察官にフォーカスするのも面白いでしょう。

交番勤務では検挙や取り締まり件数のノルマがある

２年後の希望部署への配属にはこの実績がモノをいう

COLUMN 1

民や国を守る職業は
物語に感動を生みやすい

　刑事や警察官が主役を張る、いわゆる警察モノでは、ラストにかけて物語を最高潮に盛り上げる切札的演出があります。

　殉職です。一般的には、警察官、消防官、自衛官といった公務員が職務遂行中の事故などで死亡した場合をさします。

　物語上ではこの定義をドラマチックにデフォルメし、正義をまっとうする刑事が悪役に凄絶な殺され方をしながらも民を守り抜くというお約束の王道展開が定着しています。

　ルーツは1972年から15年近く続いた刑事ドラマの金字塔『太陽にほえろ！』にあるといわれます。初代新人刑事のマカロニこと萩原健一が刺殺されて殉職し、大きな話題となりました。

　しかし主人公が殺されながらもドラマは終わりません。まだ無名の松田優作が２代目新人刑事役として大抜擢されます。が、彼もまた衝撃的な死に様で殉職し、これがさらなる成功を収めました。

　以降は新人の無名俳優を主役級の新人刑事にキャスティングし、警察官として成長を遂げたタイミングで華々しく殉職するパターンを定着させます。結果として『太陽にほえろ！』は国民的人気を博し、同時に数々のスターを世に輩出しました。

　エンタメにおける主役級の死とは、本来なら不幸な結末のバッドエンドになりがちですが、民や国を守るという職務の前提があれば話は別。感動を誘う有終の美として讃えられるのです。

PART.2

医療・消防

医療・消防の組織と相関図

病院 ← 紹介

院長
- 診療部（医局）
  - 内科
  - 消化器内科
  - 循環器内科
  - 皮膚科
  - 小児科
  - 耳鼻咽喉科
  - 歯科
  - 眼科
  - 産婦人科
  - 脳神経外科
  - 整形外科
  - 形成外科
  - 心療内科
  - 救急科
  - など
- 看護部
- 薬剤科（薬局）
- 検査科
- 放射線科
- リハビリテーション科
- 栄養科
- 事務部門
- 医事課
- 情報管理部門
- 地域連携室
- 医療相談室
- 経営企画室
- 委員会

入院患者 ← 救急搬送

診療科や部門が階層的に配置され、役割分担が明確化されている。

大学病院のような大きな病院から小さな町の診療所まで、医療・福祉に関わる人々は900万人近くいるとされている。ここでは、動物病院や消防に至るまで、人や動物の生命を預かる組織や職業について解説する。

クリニック

- 歯科
- 眼科
- かかりつけ医

など

> クリニックは地域密着型の小規模医療施設。主に外来診療や予防医療を提供している。専門分野に特化した施設も多い。

動物病院

- 獣医師チーム
- 動物看護師・ケアスタッフチーム
- 事務チーム
- トリマーチーム

処方箋

消防署

- 指揮隊
- 消防隊
- 救急隊 — 救急救命士
- 救助隊

調剤薬局

- 薬剤師

031

医療・消防 ❶

外科医

【関連する人】
内科医　手術室看護師　診療放射線技師　など

【役職】
研修医　専攻医　助手　助教　講師　准教授　教授　など

【必須アイテム】

マスク　　手袋

手術器具

【資格】
医師免許を取得する必要がある。そして研修医として2年の臨床研修を積んだあと、さらに3年以上の専門医研修を積み、外科専門医の資格を取得しなければならない。

【技能】
集中力、忍耐力、精神力、学習意欲

☑ 主な仕事内容

病変部の切除や外傷部の修復など
手術で病気・ケガを治す

　手術によって患者に治療を施す〝外科医〟。**脳神経外科、消化器外科、心臓血管外科、口腔外科、内分泌外科、整形外科など、主な診療科目は13種類**と多岐にわたります。それらの処置は、外傷の縫合から複数の執刀医との十数時間に及ぶ大手術までさまざまです。

　外科医はまず傷病の状況を把握し、治療や手術について検討のうえ、患者の病変部を切除したり外傷部を修復したりします。

　術後は経過観察を行い、患者の回復の状況を確認しながら、万が一の際にはさらに必要な措置を講じます。

> ☑ 創作で登場させるコツ

神業を持つ天才外科医など主役級ポジションが似合う

医療系の小説・漫画・ドラマは、創作世界におけるスタンダードです。そのなかでも〝外科医〟は主役級の医師ポジションとして多数のヒット作品に起用されます。日本で医療エンタメ作品の金字塔といえば、1973〜1983年にかけて週刊少年チャンピオン（秋田書店）に連載された手塚治虫先生による『ブラック・ジャック』でしょう。執刀医として神業を誇る主人公の天才外科医の活躍とドラマを描いた同作は今なお国内外で人気を集めます。

外科医がフォーカスされる最大の理由は、人の命を預かる責任の重さに加え、**誰もが直面する死への畏怖と克服を鮮明に描写できる**点に尽きます。さらに外科医は処置に際して迅速な判断力と決断力、長時間の手術に耐え得る強靭なメンタルが求められます。

つまり、患者にとっても医師にとっても**「人間の本質とは何か？」と問うテーマ性やメッセージを語らせやすい**ため、外科の現場は創作者側からも引く手あまたの題材となっています。

外科医になるには長く険しい道をクリアしなければならない

| 大学の医学部で6年間修学し、大学の卒業試験に合格する | 医師国家試験に合格して医師免許を取得する | 臨床研修病院で最低2年間の臨床研修を積む | 3年以上の外科専門医研修を積む | → | **研修終了後、晴れて外科医に！** |

医療・消防 ❷

精神科医

【関連する人】
心療内科医　カウンセラー　精神保健福祉士　公認心理師　など

【役職】
研修医　専攻医　助手　助教　講師　准教授　教授　など

【必須アイテム】

白衣

聴診器

ティッシュ

【資格】
外科医と同じく医師免許を取得する必要がある。さらに精神保健指定医資格を持っていると、使える権限が増え、できる仕事の幅が広がる。

【技能】
口の堅さ、緻密さ、検査結果などの理解力

☑ 主な仕事内容

治療の要は薬物投与よりも
患者との密なコミュニケーション

心の病気の診断と治療を専門的に行う"精神科医"。かつては、統合失調症、強迫性障害、パニック障害、うつ病、PTSDが代表的な対象でしたが、近年では認知症をはじめ発達障害や各種依存症の患者が増えています。

治療には薬物投与を行うものの、**大切なのは患者との密なコミュニケーション**。精神科医の言動や態度いかんで患者の症状に悪影響となるケースもあります。一方、聞く力と話す力により重症な病気であっても症状を改善させることが可能です。

✅ 創作で登場させるコツ

現実でも創作世界でも
精神科医のニーズが急増中

病 状が目に見えにくい精神の疾患・障害だけに、"精神科医"による治療経過や貢献具合は明確に把握しにくいといわれます。

とはいえ、メンタルの病は今や無視できない重篤な病気として扱われます。**さまざまなハラスメントが問題視され、企業で働く従業員のメンタルヘルスをケアする潮流**もそのひとつ。最悪の場合には患者が自殺を図る恐れもあり、精神科医によるサポートのニーズは年々高まっています。

創作世界でも精神科医のニーズは急増しています。

理由は明解。**犯人役や悪役にサイコパスが増えている**からです。残忍極まりない謎の精神病質者を登場させると、ミステリー要素にホラー要素やスプラッター要素が相まって、展開が加速的にスリリングになることから、今やハリウッド映画でも常套手段的に起用されています。対する警察側の敏腕刑事とバディを組むのが、インテリで切れ者の精神科医というわけです。

現実的にはこの対立構図はあり得ない

医療・消防 ❸

小児科医

【関連する人】
内科医　病棟保育士　看護師　理学療法士　など

【役職】
研修医　専攻医　助手　助教　講師　准教授　教授　など

【必須アイテム】

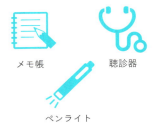

メモ帳

聴診器

ペンライト

【資格】
外科医と同じく医師免許を取得し、研修を積む。脳や心臓といった特定の部位ではなく、全身の病気や生まれつきの疾患などについての広い知識が求められる。

【技能】
コミュニケーション能力、洞察力

✓ 主な仕事内容

診察の対象年齢は意外に広く
0〜18歳頃まで

生後から低年齢の子どもの病気を扱う〝小児科医〟は、**医療知識のみならず広い視野での子どもへの洞察が求められます。**

　特に乳幼児の場合、痛みや不快感を表現しにくいため、表情やしぐさから不調の原因を読み解きつつ、保護者からの綿密なヒアリングも欠かせません。状況に応じて、子どもと家族に合わせた健全な養育方法をアドバイスすることも求められます。

　診察の対象年齢はこれまで15歳までが目安とされていましたが、平成18年以降は引き上げられ、成人するまでとなりました。

> ✓ 創作で登場させるコツ

慈愛に満ちた優しいキャラで
子どもの絶対的味方

物語で"小児科医"をキャスティングする場合、ある程度の設定条件が暗黙のうちに定められています。なぜなら子どもをメインに治療するという、医療現場での特殊な使命と大義を背負っているからです。前提としてそのように理解しましょう。

まず小児科医は、慈愛に満ちた優しいキャラで、物語においては徹頭徹尾その期待を裏切るべきではありません。

また、**子どもの味方であることが絶対条件**で、時には家庭という密室でのDVから子どもを守る福祉的立場をとります。

さらには内科の知見のみならず、年齢とともに大きく変わる子どもの心と体の発達に合わせて、さまざまな悩みに対する救いの手を差し伸べるべきでしょう。

親とも教師とも異なる目線でのサポートで子どもを見守る小児科医は、物語において良心的ポジションを担います。ゆえに**キャラ造形はていねいに、思いやりをもって描くべき**です。

小児科医を登場させるなら温かな人間ドラマを描こう

先生、わたしね 元気になったら お花屋さんになるの

医療・消防 ❹

研修医

【関連する人】
看護師　内科医　外科医　など

【役職】
専攻医　助手　助教　講師　准教授　教授　など

【必須アイテム】

マニュアル

聴診器

名札

【資格】
大学の医学部に進学し、卒業後に医師免許を取得して研修医となる。そして2年の初期研修を終えたあと、より専門的な研修を3年以上受け、専門医の資格を取得する。

【技能】
学習意欲、吸収力、忍耐力、体力

✓ 主な仕事内容

実際の医療現場で臨床スキルと経験を積む

大学医学部を卒業し、医師免許の取得後に待つのが〝研修医〟としての経験です。これは実際の医療現場での臨床スキルと知見の習得が目的で、国が指定する病院にて研修を受けることが義務化されています。原則として研修医の研修期間は2年以上と定められ、**最初の1年は、外科、内科、産婦人科、精神科、小児科、救急、地域医療が必修**です。

　研修医はさまざまな診療科を巡回し、指導医の指導のもと医療業務を学び、やがて専門医受験資格の取得が可能となります。

✓ 創作で登場させるコツ

物語で主要キャラにするには
個性強めの性格を設定する

専 門医となるべく計11年以上もかかる医師への長い道のりにおいて、"研修医"のプロセスは避けて通れません。

研修医とは文字通り研修中の身。医療行為での誤った判断や処置は重大な事態を引き起こしかねないため、研修期間中にひとりで動ける診療行為には数々の制限が設けられています。

いわば半人前の医師として扱われる研修医は、**多くの医療ドラマや小説においてモブキャラ以上サブキャラ以下の扱い**です。

ところがごく稀に主要登場人物のラインナップに入れる場合があります。**血気盛んな熱血タイプか、何か腹に一物抱えた謎タイプ**です。

前者は主人公の医師に怒られたり励まされたりしながらも、医学の道を邁進する好感度高い系キャラ。対して後者は、特定の医師や病院にただならぬ情念を燃やすミステリアス系謎キャラ。

いずれにせよ若さゆえのキャラ色をいかせば、物語のなかでいい味を出しつつ、リアルな演出効果に一役買ってくれます。

何をやってもダメダメな研修医も物語ではいい味が出る

医療・消防 ❺

看護師

【関連する人】
内科医　外科医　精神科医　小児科医　管理栄養士　など

【役職】
スタッフナース　看護主任　看護師長　看護部長　など

【必須アイテム】

体温計

注射器

バインダー

【資格】
指定の専門学校や短大、大学で学び、看護師資格を取得する。または、准看護師として職に就いたのちに看護師を目指すことも可能である。

【技能】
忍耐力、判断力、観察力、協調性

✓ 主な仕事内容

医師のアシストや患者のケアなど
さまざまな診察・治療をサポート

医師が診断や治療を効率的かつ効果的に進められるよう、さまざまな診療を補助する〝看護師〟。刻一刻と変化する患者の状態を把握するため、体温、脈拍、血圧、呼吸、意識の状態などを定期的にチェックして医師の業務をアシストします。

一般的に主な仕事は、**診療の補助、患者への医療的ケアと療養上のお世話、そして患者とその家族の心のケア**です。

看護師になるには、大学または3年以上の教育を受けたあと、看護師国家試験に合格する必要があります。

☑ 創作で登場させるコツ

看護師の役どころなくして 医療系物語は成立しない

患者本人に対する医療的サポートはもちろん、患者の家族をも精神的に支える"看護師"は、**傷病者と医師との狭間に位置**します。ある意味では患者にもっとも近い距離にいる医療従事者といえるでしょう。

業務上、患者とのコミュニケーションは日常的であり、各々が抱える諸問題をよく知るケースも珍しくありません。

その一方で、患者の家族の葛藤や不安など、患者本人が知り得ない深刻な事情まで知ってしまう場合もあります。

医療系物語を創作する際、医師のそばで働く看護師の存在は必須です。それはリアルな現場描写のためだけでなく、ストーリーを運ぶうえで有効に機能するからです。

とりわけ患者を取り巻く人間模様にフォーカスするには、**病気の進行具合や家族の本音まで知り尽くした、厳しくも慈悲深い人間味あふれる看護師の役どころなくして感動ドラマは成立しません**。

患者の療養生活を支える看護師の登場シーン例

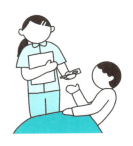

体温測定

外来診察の補助

経過チェック

医療・消防 ❻

診療放射線技師

【関連する人】
臨床検査技師　臨床工学技士　内科医　外科医　看護師　歯科医師　など

【役職】
主任　副技師長　技師長　など

【必須アイテム】

防護衣

X線

防護メガネ

【資格】
大学や養成学校で学んだあと、国家試験を受験して資格を取得する。さらに、マンモグラフィや胃がん検診などの検査ごとの認定資格を所有していると専門性が高まる。

【技能】
几帳面さ、機械の操作技術、注意力

✓ 主な仕事内容

担当はX線、CT、MRI、RI検査、がん細胞を破壊する放射線治療など

今や現代医療において欠かせない放射線を専門に扱うスペシャリストです。"診療放射線技師"が主に担当するのは、医師の指示のもとで行う**X線、CT、MRI、RI検査、そしてがん細胞を破壊する放射線治療**などです。

放射線技師になるには厚生労働省が管轄する国家試験に合格し、診療放射線技師免許を取得しなければなりません。

患者の人体に放射線を照射できるのは、医師、歯科医師を除くと診療放射線技師のみで、需要が高い医療専門職といえます。

> ☑ 創作で登場させるコツ

キャラを立たせるには
性格のほかに過去の背景も重要

日進月歩で高度化する放射線の検査と治療。それゆえ〝診療放射線技師〟は、新たな知見や技術を習得するための学習と努力を惜しまない勉強家に向いています。と、ここまで書けば、キャラ像がおのずと浮かび上がります。インテリで生真面目、頭脳明晰で曲がったことが大嫌い、そしていざというときは頼りになる存在――というように、**キャラ立ちさせるにはさらにいくつかのエッセンスを散りばめましょう**。たとえば極度に無口であったり、院内きってのイケメンであったり、長身で抜群のスタイルであったり。

過去の背景も重要です。放射線技師になったのは、かつて誤診によりがんで亡くなった母親を想うあまり、ひとりでも多くの患者を救いたいと胸に静かな決意を抱いているなど、暗い過去を前向きに転換するプラス思考の放射線技師は、ときに医師の間違いを指摘するたしかな医療知識も備えています。

いかがですか？　脇を支える主要キャラのひとりになりましたね。

一見クールでもじつは子ども好きというギャップも魅力に

医療・消防 ❼

入院患者

【関連する人】
通院患者　看護師　内科医　外科医　作業療法士　など

【種類】
緊急入院　予定入院・経過観察　リハビリテーション　など

【必須アイテム】

パジャマ　点滴　ベッド

【資格】
外来診療にて医師から入院の指示があった場合、入院に関する説明を受け、決めた日にちに入院する。治療を受けて回復すれば、退院となる。

【技能】
病気と向き合う心構え、他患者への配慮

✓ 主な仕事内容

入院は状態や目的によって２パターンに分けられる

医療機関の病室に宿泊して検査・手術・治療を受ける〝入院患者〞は、「緊急」と「予定」に分けられます。「緊急」は突然の容態悪化で救急搬送されるか、外来診察時に早期治療が必要と判断されてそのまま入院するケース。対して「予定」は、あらかじめ検査や手術を申し込み、スケジュール通りに入院するケースです。

医療技術の進歩に伴い、入院期間は短期化傾向にあるものの、症状の進行具合によっては**長期化する場合もあり、患者本人にとっても付き添う家族にとっても大きな負担**となります。

> 創作で登場させるコツ

患者の傷病レベルとキャラ特性は物語展開の主軸にもなる

医療現場を舞台とする物語の多くは、そこに勤務する医師や医療関係者のドラマを主体として扱います。

その際、登場人物として欠かせない存在が〝入院患者〟です。

病院に入院している以上、長期治療を要するか、あるいは手術が必要な患者であり、健康状態に支障をきたしていることは誰の目にも明らか。**設定上で大切なのは、傷病レベルと患者のキャラ特性**にあります。

もし患者が重要人物で生命に危険が及ぶ重篤な症状であれば、施術を担当する医師チームの実力が試される場面展開となるでしょう。

一方で、患者が難病の小さな子どもなら、医療チームの面々はもちろん、保護者の家族を含めた多様な人間模様が描けます。

いずれにせよ**医療系物語のクライマックスでは患者の生命を懸けた手術シーンの描写がお約束**。いかに読者を惹きつけて読ませるかは、キャラ特性を踏まえた患者の設定にかかっています。

退院シーンもまたラストで感動のお約束シーン

医療・消防 ❽

歯科医

【関連する人】
歯科衛生士　歯科助手　歯科技工士　など

【役職】
歯科医　歯科衛生士　歯科助手　受付　など

【必須アイテム】

マスク　手袋　治療器具

【資格】
大学の歯学部や歯科大学で学んだあと、歯科医師資格を取得する必要がある。そして1年以上の臨床研修を受け、晴れて歯科医となる。開業する場合がかなり多い。

【技能】
手先の器用さ、経営力、カウンセリング力

✓ 主な仕事内容

むし歯治療のほかにも
さまざまな分野の口腔治療がある

"歯科医"の主な仕事は、歯と歯周病の治療です。医院によっては、**インプラント、矯正治療、小児歯科、審美歯科など、得意分野が異なる**ものの、口腔内の治療を担うことに変わりありません。

一般的なむし歯治療は、高速回転するエアタービンで悪い箇所を削り取り、金属やプラスチックで詰め物をします。また、入れ歯や差し歯の製作と装着も歯科医の業務範囲内です。

さらに、歯科検診ではむし歯のチェック、ブラッシングおよび予防指導、歯石除去なども行います。

☑ 創作で登場させるコツ

歯科医と医師は
診察領域が明確に異なる

医者ではあるものの、"歯科医"は**外科や内科といった医師とはまったく資格が異なる別職業**だということをご存知でしょうか。

歯科医になるには、歯科医師免許が必要となります。この免許は大学の歯学部や歯科大学を卒業後、国家試験に合格すれば取得できます。一方で医師になるには、大学の医学部を卒業して医師国家試験に合格し、医師免許を取得しなければなりません。

歯科医師免許は歯科医師法で、医師免許は医師法で定められるものであり、その診察領域は明確に分けられています。つまり医師であっても患者の歯の治療はできません。

物語において、**歯科医の診療現場をメイン舞台とした作品は稀有**といえます。多いのはあくまで職業としての歯科医という取り上げ方。大々的にスポットが当てられない理由は、施術シーンにダイナミックな盛り上げポイントをつくりづらく、医師と患者との関係性に感動的なドラマを生みにくいからでしょう。

歯科医として開業する一般的なルート

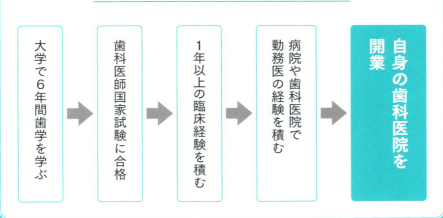

大学で6年間歯学を学ぶ → 歯科医師国家試験に合格 → 1年以上の臨床経験を積む → 病院や歯科医院で勤務医の経験を積む → 自身の歯科医院を開業

医療・消防 ❾

獣医

【関連する人】
愛玩動物看護師　トリマー　トレーナー　など

【役職】
獣医　愛玩動物看護師　受付　など

【必須アイテム】

聴診器
診察台
注射器

【資格】
大学の獣医学科で学び、獣医師国家試験に合格すると獣医になれる。また、獣医分野に特化した公務員である獣医系技官という職も選択肢のひとつ。

【技能】
動物への愛、コミュニケーション能力

✅ 主な仕事内容

牛、馬などの産業動物をはじめ動物園や水族館の展示動物の治療も

"獣医"と聞けば、ペットを診療する動物病院を想像する人が大多数ではないでしょうか。

ところが獣医の仕事は、**牛、馬、豚、鶏といった産業動物を診たり、動物園や水族館の展示動物の治療をしたり、野生動物の診療や管理に携わったりと、じつは多岐にわたります。**

食肉衛生検査所や動物検疫所において、肉、牛乳、魚介類の安全性を確保するための監視や指導も獣医の仕事です。

さらには競走馬専門の獣医師など、特殊な職業もあります。

> ✅ 創作で登場させるコツ

作中にペットを登場させるのは今やポピュラーな設定

空 前のペットブームを考えれば、"獣医"を物語に起用するには、**街中の動物病院で働いている設定がもっとも自然な流れ**です。

家族同然に可愛がっている愛犬が原因不明の病に倒れ、頼りになる獣医が懸命な治療で治してくれる、という展開は実際にもあり得そうで、ペット愛好家なら共感を覚えるかもしれません。

動物病院が偶然の出会いの場所になるシチュエーションも考えられます。

たとえば、ともに猫を飼っている男女が、それぞれ愛猫の治療のために訪れた動物病院でめぐり逢い、互いの猫が仲良くなった縁から親しくなるという、ちょっとベタな展開もありでしょう。

時代の流れで、作中に犬や猫などのペットを登場させるのは今やポピュラーな設定となりました。ただし**飼い主とペットの世界観で終始するのではなく、外界との接点を持つことで物語の広がりが生まれます**。その際、獣医という存在を活用してみてください。

愛犬を治療した獣医に一目惚れするパターンもあり得る

PART.2 医療・消防

医療・消防 ⑩

救急救命士

【関連する人】
外科医　内科医　手術室看護師　放射線技師　など

【役職】
消防士　消防士長　消防司令　消防司令長　消防監　消防正監　など

【必須アイテム】

ペンライト

AED

ヘルメット

【資格】
消防官として働いたのちに救急救命士の国家試験に合格するか、もしくは救急救命士の国家試験に合格したのちに消防官の採用を通過する必要がある。

【技能】
判断力、観察力、対応力、決断力、体力

✅ 主な仕事内容

直ちに現場へ駆けつけて心肺機能停止など重篤な患者にも対応

傷病者を医療機関へ搬送するまでの間、救急救命処置を行うのが"救急救命士"の任務です。**出動指令があれば直ちに現場へ駆けつけ、処置が手遅れにならないよう、心肺機能停止など一分一秒をあらそう重篤な患者にも対応**しなければなりません。

傷病者に施すことができる医療特定行為は、器具を用いた気道や静脈路の確保、心肺蘇生、薬剤（アドレナリンやブドウ糖）の投与などです。救急救命士はプレホスピタルケア（病院前救護）を担う、厚生労働省が認定する医療国家資格者です。

✅ 創作で登場させるコツ

読者の共感を得やすい
医療現場の最前線を支える戦士

"救急救命士"に求められる資質とは、何としてでも人の命を救いたいという強い想いです。搬送される傷病者のなかには、一瞬の判断ミスで命を落としてしまう人も少なくありません。そのため切迫した状況下であっても**沈着冷静に緊急性と重症度を見極める観察眼や決断力が必要**とされます。

事故現場から病院までの道のりで不慮のアクシデントに対処しながら人命を守るために全力を尽くす救急救命士は、医療現場の最前線を支える戦士ともいえるでしょう。そんな彼らの奮闘をスリリングに描いた物語が多数あるのはご存知の通りです。

正義感と倫理観がフォーカスされる救急救命士は、読者からの共感を得やすい職業です。だからこそ**普通に起用すればテンプレ設定に陥りやすく、キャラ造形に創意工夫が求められます**。

通り一遍ではない、ひと癖ありながらも気骨に満ちた救急救命士を描けば、物語に鮮烈な印象を残せるに違いありません。

救急救命士になるための道のり

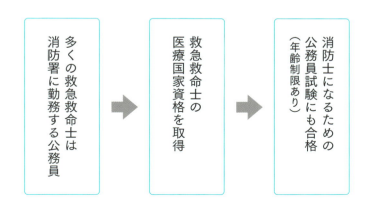

多くの救急救命士は消防署に勤務する公務員 → 救急救命士の医療国家資格を取得 → 消防士になるための公務員試験にも合格（年齢制限あり）

医療・消防 ⑪

消防士

【関連する部署】
指揮隊　消防隊　救急隊　はしご隊　救助隊　など

【役職】
消防士　消防士長　消防司令　消防司令長　消防監　消防正監　など

【必須アイテム】

長靴

救助ロープ

防火ヘルメット

【資格】
消防士の採用試験に合格後、消防学校に入学して訓練を受け、卒業すると消防士として認められる。消防官は地方公務員であり、採用を受けた各自治体の所属となる。

【技能】
判断力、体力、俊敏性、精神力、行動力

☑ 主な仕事内容

24時間いかなるときも災害に備えて待機する

火災現場での消火活動をはじめ、地震や水害といった天災の現場にも対応して人命救助にあたる〝消防士〟。24時間交替制で消防署に待機し、119番通報による災害発生の連絡を受けて、消防車で現場に急行します。**救急隊による傷病者の応急処置や搬送、防災の啓発活動など、さまざまな業務**も担います。

ちなみに「消防士」という呼び方は階級の名称になります。正確には消火活動や人命救助に携わる人は「消防吏員(しょうぼうりいん)」と呼ばれ、その最初の階級が「消防士」です。

> 創作で登場させるコツ

消火活動や人命救助に携わる"消防士"は子どもたちのヒーロー

消防職員として勤務する"消防士"の仕事内容は、消防車で急行して火災を鎮める「消火活動」、傷病者を病院へ搬送する「救急活動」、被害を受けた人を助け出す「救助活動」、火災を未然に防ぐための「予防・防災活動」という4つに分けられます。

火災発生時には真っ先に現場へ駆けつけ、消火活動や人命救助に携わる消防士は、特に子どもたちの憧れです。

危険と隣り合わせでありながらも、人のために働く勇敢な姿はさながらヒーローのように映ることでしょう。

とはいえ、危険な任務であることに変わりなく、物語で登場する消防士には惨劇や悲劇がつきものです。助けられる側の諸事情に加え、**助ける側である消防士の家族や恋人といった人間模様にフォーカス**すれば、悲喜こもごもの味わい深いドラマが描けます。

その一方、尊い殉職がフラグによる大前提で待ち受けるため、展開と構成にはひと捻りのオリジナルアイデアを絡めるべきです。

ハリウッド映画でも消防士を扱った名作はたくさんある

『バックドラフト』

『オンリー・ザ・ブレイブ』

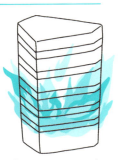

『タワーリング・インフェルノ』
など

COLUMN 2

令和の医療系物語には
チームワークが不可欠

　天才的な技術とセンスを誇る外科医が、治療不可と思われる重篤な患者の命を救う――医療系物語といえば、まずそんな王道展開を思い浮かべる人が大多数のはず。それはそれで正しい物語の在り方ではあるものの、昨今の潮流を鑑みた場合、ともすれば時代にそぐわない部分が見え隠れするのかもしれません。

　多様性の現代です。組織という集団のなかで、各々の個性が尊重され、認められるべき社会となりました。

　とすれば、天才外科医ひとりだけが大活躍して手柄を持っていく流れで、読者の支持が得られるでしょうか？

　大きな病院ともなれば、放射線技師や研修医がいて当たり前。看護部では大勢の看護師スタッフが働き、外科以外に精神科や小児科だってあります。

　そもそも医療行為とはチームワークの連携で行われるもの。外科医が活躍する病院を物語の舞台とするなら、そこに勤務するスタッフたちにも公平にスポットライトを当て、よりリアルで深みある人間ドラマを描くべきです。ひとりの天才的ヒーローの大活躍より、個性的なサブキャラ多数がそれぞれの持ち場で奮闘する流れが、令和に見合ったエンタメ路線だからです。

　結果として多様性を考慮したテイストが幅広い読者層の共感を誘い、作品としての人気度を高めるでしょう。

PART.3

司法・法務

⚖ 司法・法務の組織と相関図

留置場 —起訴→ 拘置所

容疑者

💡 警察署内にある犯罪容疑者を勾留する施設。裁判前の拘束期間中に使用される。

被告人

↓ 裁判

裁判所

裁判官

💡 裁判官が法律に基づいて、紛争や刑事事件を裁く公的機関。

検察官

↓ 判決

弁護士

被告人

司法を司る裁判所では、さまざまな事件の審理が行われる。刑事事件の場合、有罪が確定すると、被告人は刑務所に収監される。そして刑をまっとうすれば、出所して社会に復帰していくことになる。

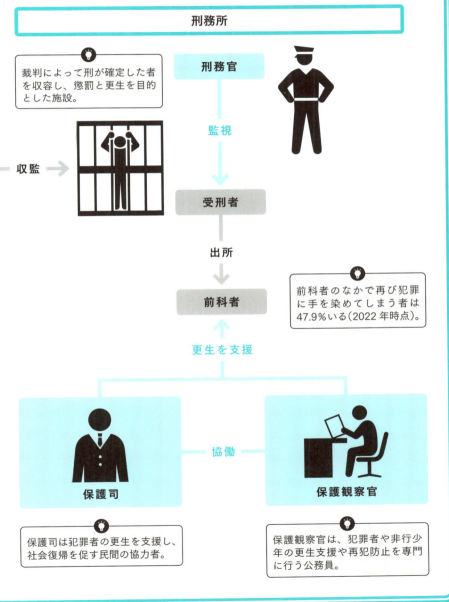

司法・法務 ❶

検察官

【関連する人】
警察官　裁判官　弁護士　検察事務官　検察技官　など

【役職】
検事正　次席検事　部長　検事　副検事　など

【必須アイテム】

検察官バッジ

風呂敷

事件記録

【資格】
検察官は司法試験に合格したあと、司法修習を修了し、法務省に採用される。検察事務官などから選考試験に合格した叩き上げの副検事もいる。正義感の強さが求められる。

【技能】
捜査指揮、取調べ技術、証拠の精査

☑ 主な仕事内容

被疑者を起訴するか否かを決める権限を唯一保持する

　罪の疑いがある事件が発生すると、まず警察が捜査して犯人を逮捕します。〝検察官〟は「犯人＝被疑者」の取調べ、被害者からの聴取、証拠品の収集および精査を行います。そのうえで**被疑者を刑事裁判で起訴するか否かを決めます**。この権限が与えられているのは検察官のみで、犯人を追及して罪にふさわしい刑罰を科すには検察官の存在が必須です。一方で、被疑者が罪を犯したことが証拠上、明白であっても、犯罪の軽重や情状などを考慮して不起訴（起訴猶予）とする場合もあります。

☑ 創作で登場させるコツ

検察官と警察に どちらが上かという優劣はない

通　常、警察に逮捕された被疑者は身柄を拘束後、留置場に入れられます。そして逮捕後48時間以内に、その身柄と捜査記録を〝検察官〟に引き継ぐことが刑事訴訟法で定められています。

被疑者を引き継いだ検察官は、被疑者が罪を犯したか、起訴が相当な事件かなど、真相究明のため、さらに捜査を重ねます。

この際、検察官自身が捜査する場合もあれば、警察を指揮して行う場合もあります。法律上、**検察官は警察を指揮できるものの、どちらが偉いという優劣はありません**。小説やドラマでは検察官と刑事がいがみ合ったり、反目したりしますが、犯罪事件を解決して真犯人に法の裁きを与えるという立場は同じです。

物語のテンプレ的には、情熱的な正義漢の刑事に対して、冷静沈着な分析家の検察官というのが一般的でしょう。しかしこの構図は旧態依然で特別な根拠などなく、**検察官の新たなキャラ像を確立すれば犯罪ミステリーに新風を巻き起こせるかもしれません**。

敏腕検察官に求められる４大資質とは？

① 俊敏な頭の回転

② 的確な判断力

③ 強固な意志

④ 論理的思考

PART.3 司法・法務

司法・法務 ❷

弁護士

【関連する人】
裁判官　検察官　弁理士　パラリーガル　司法書士　行政書士　など

【役職】
所長（ボス弁）　パートナー弁護士　アソシエイト弁護士（イソ弁）　など

【必須アイテム】

弁護士バッジ　スーツケース　六法全書

【資格】
司法試験合格後に司法修習を修了している必要がある。法律事務所に所属する、独立開業する、インハウスローヤーとして企業で勤めるなどの働き方がある。

【技能】
交渉スキル、調査力、弁論技術、洞察力

☑ 主な仕事内容

「民事」「家事」「刑事」事件の弁護活動を行う

法律の専門家としてその知識を活用し、人々の権利や利益を守って紛争を解決する〝弁護士〟が、**主に扱う事件は、民事、家事、刑事の3種類**です。

民事事件とは金銭の貸借や不動産の賃貸借といった日常生活で起こる事件をさします。家事事件は主に家庭裁判所で行われる離婚や相続など。そして刑事事件とは刑法の適用によって処罰される事件であり、罪を犯した被疑者・被告人側として、警察と検察への対応や裁判の進行において弁護活動に取り組みます。

☑ 創作で登場させるコツ

善と悪どちらも併せ持つキャラをつくりミステリーに深みを出す

な ぜ犯罪者の悪人を庇って弁護するの？ と、映画やドラマを観て、"弁護士"の仕事に懐疑的になられた方は少なからずいるはず。**弁護士の大切な仕事のひとつに、冤罪の防止**があります。無実の者を犯人だと警察や検察が決めつけ、罰せられてしまうケースは現実にも起きています。1%でも無実の可能性があるのなら、被疑者・被告人の人権を守る立場として無罪を証明するために働きかけるのが弁護士の責務です。

ただし、創作世界での弁護士は千差万別。すべての弁護士が法に則った正義の味方ではありません。なかには「悪徳弁護士」と呼ばれる強者も登場します。じつはこれが物語を面白くするスパイスとなり、**善悪の狭間にてどちらに転ぶかで、結末の大どんでん返しを可能**にします。人権擁護と社会正義の実現こそ弁護士の本分ですが、清濁併せ持つグレーなキャラを登場させると、ミステリーなら重宝する主要人物のひとりになるでしょう。

悪徳に見せてじつは敏腕弁護士という展開は盛り上がる

司法・法務 ❸

裁判官

【関連する人】
検察官　警察官　裁判所書記官　裁判所速記官　司法委員　など

【役職】
所長　判事　判事補　など

【必須アイテム】

ガベル　　裁判所職員のバッジ　　六法全書

【資格】
司法試験合格後に司法修習を修了し、裁判所に採用される必要がある。司法修習の成績や人格、動機、熱意などが優れていることが求められる。

【技能】
訴訟指揮、判断力、分析力、調整力

☑ 主な仕事内容

検察官や弁護士と違い 中立の立場である

　裁判において紛争の真相を解明し、あくまで公正に法的判断を下すことが"裁判官"の主な職務です。先に解説した**検察官や弁護士とは、中立的な立場を遵守する点が大きく異なります。**

　裁判官が担当する事件は、前頁の弁護士と同じく、民事、家事、刑事の3種類に分けられます。最近よく耳にする裁判員裁判とは、国民から裁判員を選任するシステム。選ばれた裁判員たちは裁判官と共に、刑事事件の被告人が有罪か無罪か、あるいは有罪の場合にはどのような刑を科すべきかを判断します。

✓ 創作で登場させるコツ

PART.3 司法・法務

戦いに決着をつける
法廷劇に欠かせない法曹界のトップ

司 法制度と裁判を題材にした創作作品は「法廷劇」、あるいは「リーガル・スリラー」と呼ばれます。アメリカでは訴訟が日常茶飯事で、しかも陪審制であることから国民の司法への関心が高いため、人気を集めるジャンルです。

もちろん日本でも法廷劇には熱心な支持層がいます。

人気を博す理由のひとつは、**巨大権力に対して闘いを挑む個々の奮闘を描いた勧善懲悪のストーリー**にあります。そのなかで〝裁判官〟は、審理過程を通じて検察官や弁護士の言い分から真実を見極め、正当な判断を下す重要な役割を担います。

一般的に裁判官は男性のイメージが強いものの、昨今は女性の割合が上昇中。**そのため法曹界で活躍する女性のドラマが話題になる**など、何かと注目を集めるテーマになっています。

多様性が求められる昨今だけに、キャラ立ちした女性裁判官の活躍を描く法廷劇は、これからさらに人気が見込めそうです。

江戸時代の町奉行による勧善懲悪も「法廷劇」である

司法・法務 ④

刑務官

【関連する人】
警察官　裁判官　検察官　受刑者　など

【役職】
所長　部長　首席　統括　課長　係長　主任　など

【必須アイテム】

帽子

鍵束

手錠

【資格】
刑務官採用試験に合格した者のなかから採用されることが一般的。体力検査があるほか、武道区分の受験者は柔道または剣道の実技試験がある。

【技能】
法令知識、人間心理の知識、武道、護身術

☑ 主な仕事内容

受刑者の起床確認から悩み相談まで仕事はさまざま

刑務所や少年刑務所で、受刑者への指導を通じて改善更生と社会復帰のために働く"刑務官"の仕事は多岐にわたります。

朝、受刑者の起床を確認する開房点検にはじまり、健康状態のチェック、面会室や作業場、医務室、風呂、運動場などへの引率、職業訓練指導、再犯防止の講義、さらには各種の悩み相談にも応じながら、所内の保安警備を徹底しなければなりません。

刑務官は法務省矯正局に属する国家公務員であり、刑が確定していない未決拘禁者を収容する拘置所にも勤務します。

☑ 創作で登場させるコツ

現実の刑務官と創作の刑務官では職務にギャップがある

規則正しい生活を教え、責任感を身につけさせ、労働意欲の向上によって出所後の未来を健全に送れるよう指導する**"刑務官"の献身的な仕事なくして受刑者の更生と社会復帰はあり得ません**。

ところがどうでしょう。創作世界における刑務官の扱いは悪人そのもの。とりわけハリウッド映画ではその傾向が顕著です。汚職でずぶずぶだったり、賄賂を受け取っていたり、非道な暴力で受刑者を痛めつけたりと、まさにやりたい放題。『ショーシャンクの空に』、『グリーンマイル』、『プリズン・サバイブ』など、いわゆる「刑務所モノ」の名作は数多いけれど、**刑務官の職務をきちんと正しく描いた作品は皆無**といっていいでしょう。

本来の刑務官の主たる役割とは、前述の通り、受刑者たちの社会復帰にあります。とすれば、どんな重罪を犯した受刑者であっても、心から更生を信じて向き合う、誠実な刑務官を描いた人間ドラマの物語があってもおかしくありません。

日本で刑務所作業製品は人気になっている

家具　　　趣味・娯楽　　　文具（紙製品）

司法・法務 ❺

保護司

【関連する人】
保護司会　保護観察所　更生保護サポートセンター　保護司選考会委員　など

【役職】
保護司会会長　副会長　など

【必須アイテム】

保護司バッジ

携帯電話

メモ帳

【資格】
保護司選考会に推薦され、選ばれる。信頼できる人柄、保護司活動への熱意、時間的余裕、生活の安定や健康などの条件を満たしている必要がある。

【技能】
指導技術、帰住先や就職先の調整力

✅ 主な仕事内容

社会復帰を果たした人の立ち直りを支えるボランティア

非行や犯罪に走って**処分を受けた人が再び罪を犯すことがないよう、更生と社会復帰をサポートする**のが〝保護司〟の仕事です。

法務大臣から委嘱された非常勤の国家公務員ではあるものの、給与は支給されません。あくまで民間のボランティアという立場です。

具体的な職務は、刑事施設や少年院から社会復帰を果たした人が問題なく日常生活に馴染めるよう、釈放後の住居や就職先といった帰住環境の調整を行います。また、再犯予防の啓発活動や助言によってメンタル面からも立ち直りを支援します。

> ✅ 創作で登場させるコツ

前科者を支える「善意の献身」は見逃せない設定要素のひとつ

犯 罪者にフォーカスした物語といえば、スリリングな犯行シーンのバトルアクションや謎解きミステリーなど、派手めでエンタメ色の強いストーリーを考えがちです。

その一方、**過去に犯罪者だった人に焦点を当てたシリアスドラマを書くなら、"保護司"という職務の役柄は欠かせません。**

いわゆる「ムショ帰り」に厳しい世の中です。一度でも反社側に足を踏み入れてしまうと、本人は更生したつもりでもまわりは警戒してなかなか受け入れようとしません。

そうしたシビアな社会環境下で葛藤やジレンマや罪悪感に苛まれる前科者を支えていく**保護司の存在は、物語においてひと筋の光となり、わずかながらも希望を与える**人となります。

高い評価を得た邦画『前科者』があるように、[個 vs 社会] というテーマを掲く社会派ドラマにおいて、保護司のような善意の献身は見逃せない設定要素です。覚えておきましょう。

保護司になるための条件とは

社会的信望がある	熱意と時間的余裕がある
生活が安定している	健康で活動力がある

※ 禁錮以上の刑に処せられた人はNG

PART3 司法・法務

司法・法務 ❻

受刑者

【関連する人】
刑務官　など

【分類】
A（犯罪傾向の進んでいない者）　B（犯罪傾向が進んでいる者）　など

【必須アイテム】

称呼番号

歯ブラシ

本

【資格】
懲役、禁錮（刑法改正により2025年6月から拘禁刑に一本化）などの自由刑の執行を受けている者をいう。死刑の宣告を受けた者は死刑確定者と呼ぶ。

【技能】
刑務作業による職業的知識と技術

☑ 主な仕事内容

決められたスケジュールを
刑期が終わるまで強いられる

　罪を犯した人が裁判で有罪判決を受けると、刑の執行を受けて"受刑者"となります。死刑や無期懲役といった極刑を除けば、最長で30年もの有期懲役や禁錮刑などの刑が言いわたされます。

　刑務所内での一日のスケジュールは次の通りです。

　起床は午前6時30分、朝食後の8時〜12時まで刑務作業、30分の昼食休憩を挟み、午後3時まで刑務作業を継続し、午後5時に夕食。その後は余暇時間となり、午後9時に消灯。**社会から隔離された規則正しい生活を、受刑者は刑期が終わるまで強いられます。**

☑ 創作で登場させるコツ

刑務所内での仕事は業種が充実している

　左頁にある通り、"受刑者"は一日の大半を刑務作業に従事します。これは勤労意欲を養成して共同生活での役割や責任を自覚させる、いわば改善更生とスムーズな社会復帰を図るための重要な処遇の一環です。**専門的な職業知識と技能が身につけば、社会に戻ってからの就職も円滑**となり、同時に生活を安定させることができます。

　もちろん再犯の抑止効果も考えてのことです。

　受刑者は、印刷、洋裁、木工、金属・革工といったさまざまな業種から、個々の適性に応じて職種が指定されて就業します。

　現在では刑務所での暮らしを綴った書籍やネット記事が数多く出回り、これまで未知の世界だった所内の現状がかなり明らかになってきました。受刑者が題材の物語といえば、十中八九は脱走モノでしたが、かつて**罪を犯した人たちの心情や人間関係を深掘りしてリアルに描けば、興味深い世界観が広がりそう**です。

　ちなみに刑務作業での月給は約4,000円ほどだといわれます。

刑務所内の職業訓練は60種目もある

介護福祉科

自動車整備科

ITスキル養成科

……etc.

PART.3 司法・法務

COLUMN 3

専門知識を書きすぎると逆に読者は読みづらい

　日本における主要6つの法典をまとめた『六法全書』は、ゆうに6,000ページ以上ものボリュームを誇ります。

　法律知識とはそれほど膨大な量に及び、ベテラン弁護士といえど、すべてを空で覚えられる人は希少といえるでしょう。

　本章では司法制度と裁判を題材にした「法廷劇」が人気のジャンルだと触れました。それらの物語を執筆するうえで、法律に関する内容は避けて通れないものの、ここでアドバイス。

　深くまで踏み込んだ高度かつ専門的な法律の話を書こうと、気負いすぎる必要はありません。むしろその逆。

　どれだけツボを押さえた簡潔な文章で、法的分野のくだりをクリアできるかに心血を注ぐべきです。

　というのも、書き手のあなたが苦しんで書いた専門知識の文章群は、読者にとっても読みづらいパートにほかならないからです。

　優れた作家になるほど、難解な語彙や解説をさらりとかわし、読者の関心をストーリーの主軸となる人間ドラマに向かわせます。それでいて題材となる専門分野の特色をフルにいかし切って展開を上手にまとめ上げます。これは読者目線の卓越したバランス感覚があってこそ可能な技巧。いったん修得すれば、どんな難しいジャンルの小説でも書けるようになるものの、なかなかこのレベルまで到達できる書き手はいません。

PART.4

立法・行政

立法・行政の組織と相関図

国会

衆議院　参議院

国民 →選挙→

国会議員

政治団体 ←所属—

↑サポート

議員秘書

💡 議員の活動を補佐し、政策立案や調査、スケジュール管理、選挙活動など多岐にわたる業務を行う。

日本は国家権力を司法権、立法権、行政権の３つに分けてバランスを保っており、前 PART に登場した裁判所が司法を、そして国会が立法を、内閣が行政を司っている。国会と内閣は特に政治と大きく関わってくる機関だといえる。

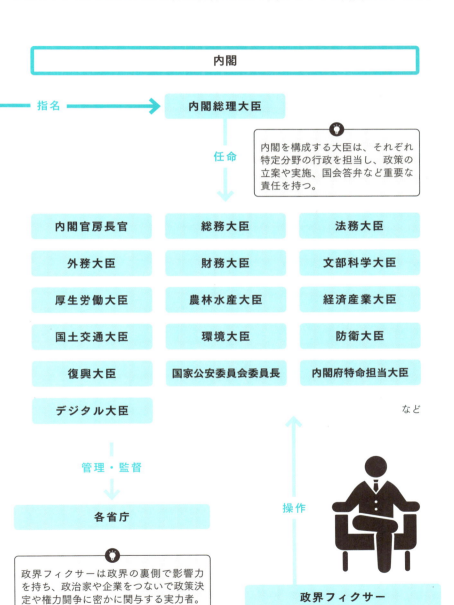

立法・行政 ❶

大臣

【関連する人】
内閣府特命担当大臣　政務秘書官　事務秘書官　など

【役職】
官房長　外局長官　事務次官　大臣政務官　副大臣　大臣　など

【必須アイテム】

スーツ

答弁書

公用車

【資格】
大臣は文民（軍人ではない者）でなければならない決まりがある。内閣総理大臣は国会で指名されたのちに天皇から任命され、国務大臣は内閣総理大臣から任命される。

【技能】
問題解決力、リーダーシップ、決断力

✓ 主な仕事内容

新内閣の発足や内閣改造の際、総理によって任命される

いわゆる"大臣"の正式名称は国務大臣です。行政権を担う内閣の構成員で、閣僚とも呼ばれます。新しい総理大臣が指名されて新内閣がつくられる場合や、内閣改造の際、総理が大臣を任命します。大臣の定員は原則14人ですが、必要があるときは3人の追加が認められ、最大17人と決められています。

大臣の主な権限は、**各省の事務を統括した服務のとりまとめ、省に係る行政事務への法律や政令に関する閣議請議、法律の委任に基づいた命令や告示など**です。

☑ 創作で登場させるコツ

「政治エンタメ小説」では私腹を肥やす悪人にされがち

政 治を物語で扱うには、**総理大臣と"大臣"たちで構成される内閣をきちんと描かなければなりません**。仕組みとしては内閣の下に防衛省や外務省など各省庁があり、それらのトップが防衛大臣や外務大臣となります。内閣の首長である総理大臣は国会の議決で指名され、その後に各大臣を任命します。大臣の過半数は国会議員であることが条件で、民間人からの選定も可能です。

ご存知の方も多いと思いますが、物語の世界では総理大臣や国会議員を題材とした「政治エンタメ小説」というジャンルが存在します。

本来、政治家とは国民のために国を正しい方向へと導く役割を担うべきなのに、これらの作品では**巨大権力を笠に不正を働いて私腹を肥やす役柄が目立ちます**。そこに真の政治家たる正義の味方が現れて世直しを断行する勧善懲悪パターンがお約束になっています。これはひとえに、現世の国政に対する読者の不満や苛立ちを代弁しているからでしょう。創作ではこの観点を胸に留めておくべきです。

よくテレビに映る内閣官房長官も大臣のひとり

主な役割は省庁間の話し合いをまとめて政策を実行する調整役

PART.4 立法・行政

立法・行政 ❷

国会議員

【関連する人】
衆議院議員　参議院議員　国会議員政策担当秘書　など

【役職】
特別委員長　常任委員長　副議長　議長　など

【必須アイテム】

議員記章

選挙カー

選挙ポスター

【資格】
衆議院または参議院の選挙に立候補し、当選すると国会議員になれる。立候補できる年齢は、衆議院が満25歳以上、参議院が満30歳以上と決まっている。

【技能】
分析力、幅広い知見、実行力、人脈

☑ 主な仕事内容

国民の意思を政治に反映させるべく
国民によって選ばれる

　国の最高議決機関である国会で、"国会議員"は国政の重要な議題を決定する職責を担います。

　主な仕事としては、法律の制定、予算の議決と決算の審議、内閣総理大臣の指名、諸外国との条約締結の承認などが挙げられます。

　国民の代表として審議や決定に参加し、国民の意思を反映させるために法案や政策の決定権を握る国会議員は、国民の投票によって選出されます。衆議院議員の任期は4年、参議院議員の任期は6年で、任期が満了すると選挙が行われます。

> ☑ 創作で登場させるコツ

近年の実情も物語に反映すると
読者の共感を得やすい

歳費とは〝国会議員〟の報酬のこと。法律で定められる月額は129万4,000円。年額で1,552万8,000円となります。さらに年2回支給される期末手当として計635万円が加算され、年収総額は軽く2,000万円を超えます。そこに「調査研究広報滞在費」や「立法事務費」といった経費が別途支払われます。

年々切迫する国の財政状況を鑑みて、**議員の定員人数と歳費の削減を求める世論の声が強くなっている**のが現状です。

その背景には、国民の暮らしや国政よりも、国会議員でありつづけるための選挙の根回しや支援者とのつながりを優先する者が少なくないという現実が垣間見えます。また、国会議員のポストが権力者や有力者にとっての再就職先となるケースも散見され、議員の高齢化が疑問視されているのは周知の通り。とかく**批判が集まりがちな国会議員をめぐる問題は、実情を踏まえたうえで物語にうまく取り込めば、格好の題材となる**場合があります。

歳費は国の状況次第で変動する

コロナ禍では削減

東日本大震災では一部が復興に

立法・行政 ③

議員秘書

【関連する人】
国会議員　県議会議員　など

【役職】
公設秘書（第一秘書、第二秘書、政策担当秘書）　私設秘書　など

【必須アイテム】

パソコン

携帯電話

スケジュール帳

【資格】
第一秘書や第二秘書、私設秘書は学歴や資格を問われないが、たいていは議員と関わりのある人が選ばれる。一方、政策担当秘書は資格試験などに合格する必要がある。

【技能】
管理能力、情報収集、資料作成

☑ 主な仕事内容

国会議員は秘書を 3名まで雇用できる

議員といわれる立場には、前頁で解説した国会議員のほか、都道府県議会議員と市区町村議員がいます。これらのうち国費で秘書が賄われるのは国会議員だけ。いわゆる公設〝議員秘書〟と呼ばれ、身分としては国家公務員特別職になります。

国会議員につく公設議員秘書は、第一秘書、第二秘書、政策担当秘書の3名です。**第一・第二議員秘書は議員が本業に集中できるようにスケジュール管理や資料作成などを担当し、政策担当秘書は政策と法案を専門に扱うことが仕事**となります。

☑ 創作で登場させるコツ

自身が政界入りするための
ルートづくりにもなる

国 会議員の秘書の所属は、東京事務所と地元選挙区の事務所に分かれます。前者の秘書は国会での活動をサポートしながら運営の諸業務をこなします。これに対して後者の秘書は、選挙対策に主眼を置き、有権者とのつながりを重視した働きに注力します。

"議員秘書"にとって最大の仕事は、議員を地元の選挙で当選させること。議員が落選すれば即失職となるからです。選挙での勝利に向けた活動こそが議員秘書の最大の責務となります。

また議員秘書のなかには、自身も政界入りを果たすためのルートづくりという目的を持つ人も少なくありません。秘書の仕事を通じて顔を知ってもらい、名前を売るわけです。高名な国会議員に仕えていればおのずと知名度が高くなっていきます。

とはいえ議員が何かしでかした際は「尻ぬぐい」的イメージの強い議員秘書です。そうした政治的背後に蠢く「事実は小説より奇なり」な人間ドラマに着目するのも、物語創作ならありでしょう。

2009年の政権交代時には1,000人以上の秘書が失職

PART.4 立法・行政

立法・行政 ❹

政治団体職員

【関連する人】
党員　幹事長　党首　など

【役職】
総務　広報　会計　選挙対策　など

【必須アイテム】

パソコン

携帯電話

選挙ポスター

【資格】
政治団体ごとの採用試験や面接に合格すると職員になれる。所属する政党や政治団体が掲げている理念に、共感していることが基本とされる。

【技能】
事務処理、マルチタスク、協調性

✓ 主な仕事内容

金銭の管理や広報活動など
主な業務は一般企業と同じ

　自由民主党や立憲民主党など、政党組織で働く人たちを〝政治団体職員〟といいます。政党は一般企業と同じく、その維持と運営のために多様な仕事をこなす必要があります。

　例を挙げるなら、人件費や寄付金や助成金といった金銭を管理する仕事、議員の選挙対策や広報活動をサポートする仕事、政治集会の企画・運営を担う仕事というように、**業務範囲は多岐にわたります。**

　政治と直接関わりを持たない仕事は「総務」、議員の活動を含め政治に直接関わる仕事は「政務」と呼ばれます。

✅ **創作で登場させるコツ**

政党と団体職員の距離感をヒントに
ストーリーを構築する

政党の職員募集は一般的な求人サイトでも行われる場合があります。採用されるにはエントリーする**政党の政治理念や政策に賛同していることが大前提**。事務を担当する〝政治団体職員〟であっても信条や基本方針への知見がなければ務まりません。

ここに物語創作の着想ヒントがあります。

政党と団体職員の微妙な距離感に着目すれば、さまざまなアイデアが浮かんできます。たとえば党首や議員や秘書といった要人ではない、総務で働く団体職員の女性が政党内での不正を知ったとします。どの部署の誰が不正に関与するか定かではない状況下、倫理観と道徳観の強い彼女は孤軍奮闘して不正を暴くため見えない敵と闘います。なまじ政治への知識があったからこそ不正を見抜けた職員という設定にすれば、サスペンスタッチのスリリングな展開が描けそうです。

舞台が政党という、国政に絡む政治団体だけに、扱うテーマも壮大なスケールとなるでしょう。

政党内の仕事一例

| 国会議員の国会・政治活動の補助 | 選挙対策 | 勉強会の開催 | 役員秘書 | 広報 | 総務 | 経理 |

経験を積むとマニフェスト作成なども担当できる

政界フィクサー

【関連する人】
大臣　国会議員　など

【役職】
社長　大物政治家　など

【必須アイテム】

資金

人脈

高級スーツ

【資格】
莫大な資金や人脈を手にした権力者でなければ、そうそう政治家を裏から操ることはできない。明確な資格や基準はなく、実体は謎に包まれている。

【技能】
資金力、発言力、社会的地位、人脈

☑ 主な仕事内容

真相は定かではない
要人や実力者に強い影響力を持つ人物

政治の世界には闇の領域がある、と、まことしやかに囁かれます。一般人側の「表」からではけっして見えない「裏」があるからこそ政治は成り立っているともいわれます。

"政界フィクサー"とは、**永田町界隈の「裏」事情に精通し、総理大臣はもちろん、政界・財界の要人や実力者に対しても強い影響力を持つ人物**のこと。昭和の歴代首相には常に強大なフィクサーが控えていたと噂されますが、闇の領域でのことだけに、真相は定かではありません。

☑ 創作で登場させるコツ

ラスボス感満載で
創作と相性抜群な黒幕的存在

ビ　ジネスや企業活動においても、重大な意思決定の際、正規手続きを踏むことなく事案の決定に著しい力を行使する人をフィクサーと呼びます。ときに困難な状況を打開し、独自の交渉力やコネクションを駆使して事態収拾を図る人物をさす場合もあります。

一方で〝政界フィクサー〟とは左頁の通り、**「裏」から手を回す黒幕的存在**です。具体的には、表沙汰になれば致命傷となる事件を揉み消したり、妨害工作を画策してライバルを蹴落としたり、あらゆる手段を用いて暗躍し、力業で事を進めます。

ここまで書けばおわかりの通り、〝政界フィクサー〟という人物設定は、政治を扱う物語では旨味の凝縮されたエキスのごとく痛快に機能します。何しろ、**すべてを意のままに画策して操れるラスボス的キャラ**なわけですから。

ただし不用意な起用は避けるべきでしょう。「何でもあり」の展開になってしまえば、せっかくのキャラの旨味が半減してしまいます。

謎多きフィクサーは物語に欠かせない裏ボス

COLUMN 4

フィクションかノンフィクションか 政治設定は明確に

　政界を舞台とした物語の多くは、現行の政治の在り方を批判しつつ、壮大なスケールで国家の行方を描いていきます。

　海千山千の政治家たちの権力争い、与党と野党のせめぎ合い、画策や裏切りに満ちた人間模様――国政での攻防をスリリングな展開で物語にすれば、現代政治に関心を抱く読者層を魅了する作品に仕上がるでしょう。実際、政治ドラマを題材としたヒット作は数多く見受けられますが、このジャンルには２タイプが存在することを覚えておいてください。それはフィクションかノンフィクションかの、どちら側に寄せて書くかという設定の違いです。

　たとえば総理大臣がそっくりさんに入れ替わって国政を担うという大胆な発想で描き切れば、エンタメに徹した架空の物語として成立します。あるいは報道番組で目にする政治家や官僚をリアルな描写で意図的に起用し、政界の裏側や腐敗ぶりを風刺に満ちた筆致で綴れば社会派作品として位置づけられます。

　この振り幅が中途半端だと読者の心をつかみ切れません。

　政治とは、国民の誰もの生活に関わる身近な題材です。日々のニュースであらゆる動向が克明に伝えられます。

　それだけに作品テイストや読者との距離感を綿密に計算して設定を組み立てなければ、荒唐無稽な話で終わります。もちろん執筆に際して、政治への博学多識が求められるのはいうまでもありません。

PART. 5

自衛隊

🪖 自衛隊の組織図

1 陸上自衛隊の組織図

陸上幕僚監部

陸上幕僚長
- 陸上総隊
- 北部方面隊
  - 方面総監部
  - 師団及び旅団
  - その他の方面直轄部隊
- 東北方面隊
- 東部方面隊
- 中部方面隊
- 西部方面隊
- その他の防衛大臣直轄部隊
- 学校（各職種学校など）
- 補給統制本部
- 教育訓練研究本部
- 補給処など
- 病院（共同の機関）
- 地方協力本部（共同の機関）

💡 陸上自衛隊の組織図は、地域ごとの防衛を重視し、方面隊を中心に統制が分散されているのが特色。

2 海上自衛隊の組織図

海上幕僚監部

海上幕僚長
- 自衛艦隊
  - 護衛艦隊
  - 航空集団
  - 潜水艦隊
  - 掃海隊群
  - 艦隊情報群
  - 海洋業務・対潜支援群
  - 開発隊群
  - その他
- 横須賀地方隊
- 呉地方隊
- 佐世保地方隊
- 舞鶴地方隊
- 大湊地方隊
- 教育航空集団
- 練習艦隊
- システム通信隊群
- 幹部学校
- 幹部候補生学校
- 第1術科学校
- 第2術科学校
- 第3術科学校
- 第4術科学校
- 補給本部
- その他の部隊・機関

💡 艦隊中心に編成され、多様な任務に即応できるよう柔軟に移動・展開できるのが海上自衛隊の強み。

自衛隊は陸・海・空それぞれに分かれており、内部構造も多少異なっている。また、防衛省と自衛隊は同一の組織であり、防衛省は行政組織として、自衛隊は実力組織として活動している。

3 航空自衛隊の組織図

- 航空幕僚監部
  - 航空幕僚長
    - 航空総隊
      - 北部航空方面隊
      - 中部航空方面隊
      - 西部航空方面隊
      - 南西航空方面隊
      - 警戒航空団
      - 航空救難団
      - 航空戦術教導団
      - 偵察航空隊
      - 作戦情報隊
      - 作戦システム運用隊
    - 航空支援集団
    - 航空教育集団
    - 航空開発実験集団
    - 補給本部
    - 宇宙作戦群
    - 航空システム通信隊
    - 航空警務隊
    - 航空安全管理隊
    - 航空中央音楽隊
    - 航空中央業務隊
    - 幹部学校
    - 自衛隊入間病院

💡 防空を重視し、基地を拠点にした広域運用と迅速な対応能力を保持しているのが航空自衛隊の特徴。

4 防衛省の組織図

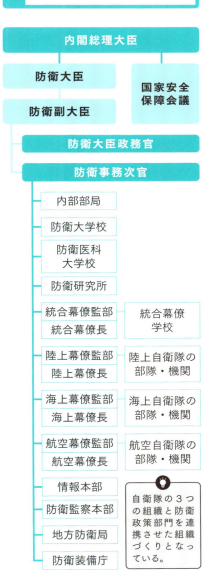

💡 自衛隊の3つの組織と防衛政策部門を連携させた組織づくりとなっている。

087

自衛隊 ❶

陸上自衛隊

【関連する組織】
航空・海上自衛隊　防衛省　警察　消防　地方自治体　米軍　国連　など

【役職】
陸上幕僚長　師団長　旅団長　隊長　連隊長　群長　班長　士長　など

【必須アイテム】

防弾チョッキ

ヘルメット

ゴーグル

【資格】
自衛官の採用試験に合格する必要がある。受験には、国籍や身体条件もある。適性検査により適性外となった職種には、本人が希望しても配置されない。

【技能】
運転、操縦、危険物取扱、通信、IT技術

☑ 主な仕事内容

敵の侵略から国土を守り
災害時には救援・復興活動も行う

　国の平和と独立を守るために発足された自衛隊は、海上自衛隊、航空自衛隊、そして"陸上自衛隊"の3組織に分かれます。
　陸上自衛隊の主たる責務は、**敵の侵略を未然に防止し、万が一の場合には領土から排除する、国土の防衛**です。また大規模な自然災害が発生した際には、救援・復興活動を担います。
　陸上自衛隊には地上戦闘力の骨幹である「普通科部隊」、大砲をはじめ火力戦闘を展開する「特科部隊」、戦車や偵察部隊を有する「機甲科部隊」があり、任務は所属部隊によって異なります。

> ✓ 創作で登場させるコツ

日々厳しい訓練を重ねる
ハイスペックな組織部隊

約14万もの隊員が所属し、全国に160の駐屯地と分屯地を構える〝陸上自衛隊〟は、自衛3組織のなかで最大規模を誇ります。

その最たる特徴は、土木・通信などのインフラから、輸送、医療、食料、警務、さらには銃火器や戦車に至るまで、独立自営できる自己完結能力を有する点。つまり陸上自衛隊は**一般社会から隔離された環境でも自活できる能力**を持っているわけです。しかも隊員は日々厳しい訓練を重ねる優秀な人材です。

ここまでハイスペックな組織部隊なら、物語上では多様な設定が考えられます。まず思いつくのはクーデターによる軍事政権樹立。隣国と共謀して日本領土内に別国を建立する設定もありでしょう。昭和では自衛隊員が戦国時代にタイムスリップするSF小説『戦国自衛隊』が大ヒットし、映画、劇画、ドラマになりました。

強大な組織規模と軍事力に着目すれば、奇想天外で壮大な物語になり得る格好の題材といえます。

昨今は国外での平和協力活動や緊急援助活動も行う

海上自衛隊

自衛隊 ❷

【関連する組織】
航空・陸上自衛隊　防衛省　警察　消防　地方自治体　米軍　国連　など

【役職】
海上幕僚長　艦隊司令官　護衛隊群司令　艦長　艇長　機関士　など

【必須アイテム】

帽子

浮き輪

金曜日のカレーライス

【資格】
自衛官の採用試験に合格する必要がある。防衛大学校卒業後に入隊する者もいる（陸上・航空も同様）。自衛隊内の試験に合格すれば船の操縦もできる。

【技能】
船舶操縦、海上救護、魚雷除去、船舶探索

☑ 主な仕事内容

海上交通の安全に努め
海上・海中を見張る

四　方を海に囲まれた日本は、海上からの外敵の侵略に備えると同時に、自国の船舶も守らなければなりません。

〝海上自衛隊〟の活動は主に**海における警戒監視**です。護衛艦や哨戒機（かいき）を運用して、常に周辺海域で異変がないかを確認し、国土の防衛と海上交通の安全に努め、災害時の救護活動も行います。

海上自衛隊には、護衛艦が属する「護衛艦隊」、潜水艦が属する「潜水艦隊」、海上・海中を見張る哨戒機や哨戒ヘリコプターを有する航空機部隊「航空集団」があります。

> 創作で登場させるコツ

圧倒的な迫力で魅せる
スケールの大きい作品を描ける

PART.5 自衛隊

世界第6位の長い海岸線を持つ日本は、「国境＝海上」。すなわち国土全域を覆う海域の安全確保は、日本領土の平和維持に直結します。〝海上自衛隊〟は護衛艦54隻、潜水艦22隻をはじめとする多数の艦艇に加え、哨戒機や哨戒ヘリコプターを保有し、空からも海を守ります。隊員数は約4万3,000人。艦艇の母港となる横須賀、舞鶴、呉、佐世保、大湊の5大基地のほか、全国各地に航空基地と陸上基地を持ちます。

大規模な艦隊や基地を有する海上自衛隊を題材にすれば、**スケール感の大きな設定が可能となり、圧倒的な迫力で魅せる物語を展開できます。**『沈黙の艦隊』、『亡国のイージス』、『空母いぶき』と、海上自衛隊を舞台としたエンタメ作品が多いのはその証拠。

ただし、専門的な装備や隊の規律、刻一刻と変動する世界の国家情勢など、**相当量の情報を取材・咀嚼して緻密なプロットを組み上げなければ、創作は困難を極めます。**

防衛省『防衛力整備計画』(2022年)より

近年は弾道ミサイル攻撃への対処も任務に

「〇〇〇こちら〇〇〇」
「ミサイルの発射を検知しました!!」

航空自衛隊

【関連する組織】
海上・陸上自衛隊　防衛省　警察　消防　地方自治体　米軍　国連　など

【役職】
航空幕僚長　航空総隊司令官　航空団司令　飛行隊長　班長　小隊長　など

【必須アイテム】

ヘルメット

グローブ

パラシュート

【資格】
まずは自衛官採用試験に合格する必要がある。パイロットを目指す場合は、「航空学生」の試験に合格し、その後、教育や飛行訓練を経て資格を取得しなければならない。

【技能】
航空機の操縦、航空管制、武装、輸送技術

主な仕事内容

日本の平和と安全を守る 空で活動する唯一の組織

日本の領土内では警察が、近隣海域では海上保安庁が、平和と安全を担うものの、空には日本の警察力が存在しません。そのため〝航空自衛隊〟が**空から我が国を守る唯一の組織**として認知されています。航空自衛隊の任務は、レーダーによる領空の警戒監視、戦闘機での領空侵犯機への対処、ペトリオットを使用した弾道ミサイルに対する対抗措置などが挙げられます。

さらに災害発生時の捜索救難のほか、国際平和協力活動においては航空機で人員と物資の輸送を担います。

> ✅ 創作で登場させるコツ

怪獣や地球外生物と戦う場面で大活躍の戦闘機

24

時間365日、常に日本上空の警戒監視に取り組み、有事の際には国土からできる限り遠方の空域において敵を迎撃し、被害を未然に防ぐ〝航空自衛隊〟。その**装備と最先端兵器は世界有数の規模を誇る**ことで知られます。航空自衛隊内での仕事は、操縦、航空管制、兵器管制、高射運用といった30にも及ぶ職域で構成されます。高度な技術力を用いた機器類を自在に扱えるエキスパートであることと、米空軍との密な連携能力が求められるため、隊員は幅広い能力を備えた優秀な人材が揃っています。

航空自衛隊が登場するエンタメ作品といえば、怪獣や地球外生物が敵となる「特撮モノ」。時には派手な空中戦を繰り広げ、ヒーローと共に戦って人類を守ります。しかし**戦闘機の飛行シーンを文章化して読者を惹きつけるには並外れた筆力が不可欠**。難易度は、前頁の海上自衛隊に匹敵するでしょう。設定や展開は魅力的ですが、書き手のポテンシャルが問われる題材です。

航空自衛隊は映画やアニメの製作に古くから協力している

PART.5 自衛隊

COLUMN 5

創作で自衛隊を扱うには専門用語を覚える根気が必要

　自衛隊を題材としたエンタメ小説の金字塔といえば、有川浩さんによる自衛隊三部作をおいてほかにありません。

　陸上自衛隊が登場する『塩の街』、航空自衛隊が登場する『空の中』、海上自衛隊が登場する『海の底』は、有川さんのデビュー以降の3連作（KADOKAWA）で、いずれも自衛隊と未知の生物（あるいは物体）とのコンタクトをテーマに描かれ、大ヒットを記録しました。以来、自衛隊を扱う創作作品が急増したものの、なかなか一筋縄ではいかない分野だと理解すべきでしょう。

　理由は明解。自衛隊で使用される専門用語が難解すぎるからです。たとえば各隊が使う機器類を以下に挙げてみます。

● 94式水際地雷敷設装置（陸上自衛隊）
敵の上陸部隊を水際で阻止すべく、海沿いに水際地雷を敷設する車両。海岸を移動しながら荷台から地雷を投下する。

● SH-60J哨戒ヘリコプター（海上自衛隊）
敵の艦艇や潜水艦を探す哨戒用ヘリコプター。赤外線監視装置やミサイルを感知する自機防御装置などを追加装備している。

● E-767早期警戒管制機（航空自衛隊）
旅客機をベースに警戒管制システムを搭載した航空機。円盤型レーダーで侵入機の発見と監視を行う。

　いかがですか？　これらはほんの一例にすぎません。

PART.6

マスコミ・芸能

マスコミ・芸能の組織と相関図

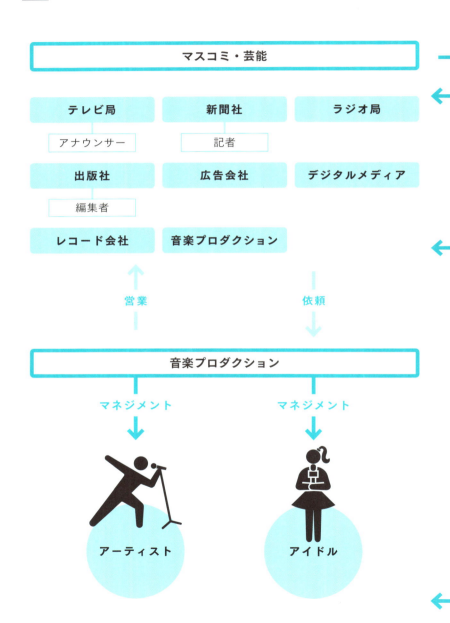

マスコミや芸能関係の組織は、一般的な企業と同じような構造になっている。一方で、俳優やアーティストは組織において売り出すべき人材、つまりは商品のような立ち位置である。

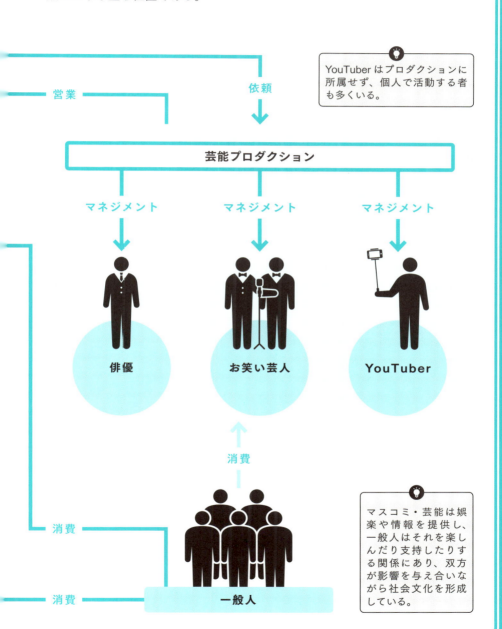

マスコミ・芸能 ❶

テレビ局・プロデューサー

【関連する部署】
情報制作局　スポーツ局　報道局　技術局　編成局　営業局　など

【役職】
プロデューサー（P）　制作P　キャスティングP　など

【必須アイテム】

スマホ

ジャケット

社員証

【資格】
テレビ局や番組制作会社に就職し、AD（アシスタントディレクター）AP（アシスタントプロデューサー）などを経てステップアップするのが一般的。

【技能】
制作現場の統括、企画力、予算交渉力

✅ 主な仕事内容

予算管理やキャスティングなど番組制作のすべてを管轄

テレビ番組の制作における最高責任者が"プロデューサー"です。時流やトレンドを読み込み、企画を立てて、局内上層部の制作承認を得ることが最初の仕事。続いて予算管理、制作スタッフの人選、出演者のキャスティングに携わり、番組制作のすべてを掌握します。**昨今のプロデューサーは、視聴率のみならず、ネットでの番宣や配信サイトとの連携、グッズ販売など、局の売上につながる多角的な販促企画を視野に入れるのが常**。そのため番組の現場は協力会社の制作プロデューサーに任せるケースもあります。

> ✅ 創作で登場させるコツ

ストーリー展開に混乱をもたらす
いい顔しいなおいしい役柄

番組規模によっては、ゆうに100名以上のスタッフや出演者を統括する"プロデューサー"に求められる資質は、チームを牽引するリーダーシップと卓越したコミュニケーション能力です。**テレビ局の制作現場は、人気芸能人や著名人もひしめく、いわば強者たちの巣窟**。しかも広告スポンサーの横槍をやんわりかわしながら、一般視聴者の支持を得ることが任務となります。多方面への配慮を欠かすことなく、番組チームのモチベーションを維持し、「数字」という形で成功に導かなければなりません。

それら全責任を背負う職務だけに、与えられる権限は大きく、敏腕プロデューサーとして名を馳せれば、局内での将来は嘱望されます。**テレビ局を舞台とした物語では、こうした立ち位置をデフォルメしたボスキャラ設定がお約束**。しかも全方位で「いい顔」をしたがる八方美人的な性格が災いし、本来はまとめ役のはずなのに展開を大いに混乱させます。いずれにせよ、おいしい役柄です。

昭和時代のお約束的なテレビ局プロデューサー

よお、山ちゃん ギロッポンでシースーいーく？

※「六本木で寿司食べる？」の意味

PART.6 マスコミ・芸能

マスコミ・芸能 ❷

テレビ局・ディレクター

【関連する部署】
情報制作局　スポーツ局　報道局　技術局　編成局　営業局　など

【役職】
フロアディレクター　AD（アシスタントディレクター）　など

【必須アイテム】

マイク付き
ヘッドホン

カンペ

台本

【資格】
大卒者がテレビ局や番組制作会社に入社し、適性や希望により制作部門に配属され、ADとして経験を積んだあとに昇進する必要がある。

【技能】
映像・編集技術、演出力、マネジメント力

☑ 主な仕事内容

ドラマでは俳優への演技指導や総合的な演出を担当

映画でいう監督の仕事が、テレビ番組の制作現場における"ディレクター"の役割です。

主な仕事内容は、番組の企画立案からはじまり、撮影現場での指示、制作スタッフ陣や出演者のとりまとめ、そして編集作業となります。

ドラマの場合は俳優への演技指導はもちろん、カメラマン、音声、照明、美術といった専門分野のスタッフともシーンごとに細かな打ち合わせを重ね、総合的な演出を担当します。

テレビ業界では番組制作の要となる現場の責任者です。

☑ 創作で登場させるコツ

忍耐力なくして務まらない
鋼メンタルの調整役

一見すると花形職業に映るテレビ局の"ディレクター"ですが、闇の部分が見え隠れします。まず、**ディレクターとして現場を仕切るには、AD（アシスタントディレクター）というサブ的役割の下積みを最低でも3〜5年は経験しなければなりません。**

仮にディレクターに昇格できても、プロデューサーという最高責任者の指示に絶対服従する掟があります。さらにテレビ業界は時間と予算との戦いです。ぶっつけ本番の生放送ではハプニングやトラブルがつきもの。**瞬間の判断で修羅場をくぐり抜ける柔軟性と神経の図太さが求められます。**派手な仕事に見えても、調整役として立ち回ることが多く、忍耐力なくして務まりません。

さて、2024年に刊行された『なんで死体がスタジオに!?』（森バジル／文藝春秋）は、昨今のテレビ制作現場をリアルに描いたエンタメミステリーとしてヒットしました。テレビ業界の内幕と制作現場の裏側を知りたい方にはお勧めの一冊です。

ADの下積みなくしてディレクターにはなれない

PART.6 マスコミ・芸能

マスコミ・芸能 ❸

芸能プロダクション

【関連する部署】
マネジメント事業部　音楽事業部　CM事業部　宣伝部　営業部　など

【役職】
芸能マネージャー　チーフマネージャー　営業担当　広報担当　など

【必須アイテム】

テレビ局入構証
タレントのカレンダー
送迎車

【資格】
大手の芸能プロダクションの場合は、大卒以上の学歴が求められることが多い。マネージャーには送迎業務があるため、自動車免許が必須となる。

【技能】
マネジメント、営業力、イメージ管理

☑ 主な仕事内容

事務所に所属するタレントを売るためあらゆる施策に取り組む

俳優、タレント、芸人、アーティストといった、芸能人の活動をマネジメントする会社が"芸能プロダクション"です。そこで働く社員といえば、「マネージャー」を思い浮かべる方が多いはず。

実際、所属する芸能人を陰日向で支えるのはマネージャーの重要な職務となります。担当する芸能人をテレビ局などのメディアに売り込み、仕事を見つけてきて、売れるためのあらゆる施策に取り組みます。人気が出てからもスケジュール管理やギャラ交渉を行い、日々のあらゆる活動に寄り添って管理します。

☑ 創作で登場させるコツ

芸能界をフォーカスするには流行やSNSの使用法を要チェック

多くの方は"芸能プロダクション"の社員の仕事を「付き人」的なお世話係だと認識しているかもしれません。

ところが現実には、**所属芸能人を売るために、さまざまな事案の企画・運営を担っています**。たとえば、コンサートやイベントや舞台といった興行を仕掛けたり、DVDなどのパッケージ商品を制作したり、ファンクラブを盛り上げて会員数を増やしたり——メディア出演以外でも知名度を高めて売上を獲得するため、多角的なプロモーション活動を展開します。

一方で近年では芸能プロダクションに所属せず、芸能人が自身でセルフプロデュースする動きが主流となりつつあります。

これはSNSや動画サイトであらゆる情報発信が可能になったから。物語で芸能界をフォーカスする際、こうした潮流は無視できません。地下アイドルやネットアイドルが流行する背景も同様。題材として扱うには、日進月歩で変化する芸能界事情に精通すべきです。

芸能プロダクションが必要なくなった理由のひとつ

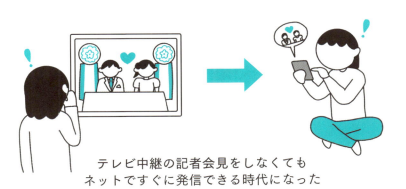

テレビ中継の記者会見をしなくても
ネットですぐに発信できる時代になった

PART.6 マスコミ・芸能

マスコミ・芸能 ❹

映画監督

【関連する人・部署】
プロデューサー　脚本家　撮影部　美術部　音響部　宣伝部　など

【役職】
総監督　監督　助監督　撮影監督　美術監督　音響監督　など

【必須アイテム】

メガホン　サングラス　ヘッドホン

【資格】
映画製作会社やテレビ番組などの映像制作会社で現場の経験を積む、映像の学校を出て自主制作映画の入賞を目指すなど、自分で道を切り拓くことが求められる。

【技能】
現場統括、映像構成・編集、演技指導

✅ 主な仕事内容

映画撮影の全責任を負い最終的な決裁権を握る

1 本の映画を完成させるため〝映画監督〟は、多岐にわたる製作プロセスを乗り越えます。まず、どんな映画を撮るか企画を立案し、脚本を完成させて出演者のキャスティングやロケ地を決めます。並行してプロデューサーと予算管理に取り組み、全体スケジュールを決定。**撮影現場に入ると、俳優の演技指導、照明や美術やカメラワークの指示など、あらゆる演出を指揮します。** その後、編集作業で膨大な量の映像を作品へと仕上げます。撮影の全責任を負い、最終的な決裁権を持つのが映画監督の仕事です。

☑ 創作で登場させるコツ

努力と苦労が絶えないけど
クリエイターにとって夢の職業

PART.6 マスコミ・芸能

"映画監督"になるには運と実力の両面が求められ、プロとして作品が撮れるチャンスをつかむには想像を超える努力と苦労が伴います。プロデビューできても商業的に失敗すれば次はありません。あるいはデビュー作がヒットして作品規模が大きくなれば、数百人ものスタッフや出演者に加え、数億円もの予算を背負って、長期に及ぶ過酷な撮影と編集を成功させなければなりません。その間、**問題は山積みで、難易度の高い険しい道がつづきます。**

それでも映画製作とは多くのクリエイターにとって夢であり、映画監督という仕事は憧れの職業の頂点といえます。

なぜなら**「総合芸術」として、映像・音楽・世界観など、自らのあらゆる美的概念を形にして表現できるからです。**もし映画監督を物語の主人公とするなら、その光と影を丹念に描きつつ、劇中劇となる映画作品にもスポットを当てるべきでしょう。すなわち、これもまた難易度の高い物語になること間違いありません。

ハリウッドでも映画制作はギャンブルだといわれている

マスコミ・芸能 ❺

アナウンサー

【関連する部署】
ニュース部　番組制作部　スポーツ部　広報部　など

【役職】
部長　野球班チーフ　スポーツ担当主査　報道担当主任　など

【必須アイテム】

マイク　　原稿　　のど飴

【資格】
採用試験の内容は筆記試験のほか、音声試験やカメラテストでの原稿読みが含まれる。競争倍率は非常に高く、人気のある局ともなれば数百倍に達することも珍しくない。

【技能】
原稿読み、中継リポート、映像実況、司会

☑ 主な仕事内容

テレビで見ない日はない
局の顔として人気を集める花形職業

テレビやラジオを通じて、視聴者へさまざまな情報を伝える〝アナウンサー〟。報道番組で局の顔として人気を博すことも多い花形職業です。とはいえ、**仕事領域は広く、スポーツの実況、バラエティや歌番組の司会、事件の取材、自局CMや情報番組のナレーションなど、多岐にわたります**。熾烈な採用試験を勝ち抜いて入局できても、すぐにメディアで活躍できるわけではありません。発声、敬語、放送用語といった専門的訓練を徹底的に受け、プロとして認められてようやくデビューが叶います。

☑ 創作で登場させるコツ

PART.6 マスコミ・芸能

局内の人間関係を題材に
表にはでない仕事への葛藤を描く

時代の流れなのでしょう。**かつては高嶺の花だった〝アナウンサー〟ですが、いくつか道が分かれるようです。**ひとつは知名度を得て独立し、フリーアナウンサーとして働く人。芸能事務所に所属してタレントや俳優など活躍の場を広げるケースもあります。こちらは昭和以降の王道コースで、人気女子アナが辿る道として存続します。もうひとつはアナウンサーの仕事に見切りをつけ、別分野の職に就く人。昔ほどアナウンサーのポストに魅力がなくなり、将来性や労働負担から方向転換を望むケースも増えているためです。最後は、あくまで会社員としてアナウンサーの仕事をまっとうし、局内で出世を目指す人。フリーになっても売れない時代なので、というのが主な理由のようです。

　局の内実や人間模様にスポットを当て、多様化する時代だからこそ仕事に葛藤する姿やジェンダーギャップの現実を描けば、社会派ドラマとしてニーズを捉える物語になるかもしれません。

派手な仕事に見えて、意外と地味な現実もあったりする

マスコミ・芸能 ❻

俳優

【関連する部署】
マネジメント事業部　プロモーション部　テレビ局　制作会社　など

【種類】
テレビ俳優　映画俳優　舞台俳優　アクション俳優　伝統演劇俳優　など

【必須アイテム】

台本　マスク　口臭スプレー

【資格】
芸能事務所や劇団に所属したうえで、オーディションを受けるなど自ら仕事を取りに行く努力が必要になる。演技力、歌やダンスの実力のほか、個性が重要視される。

【技能】
演技力、歌唱力、積極性、表現力

☑ 主な仕事内容

まずはエキストラや脇役など
下積み生活からスタートする

映画や演劇で登場人物に扮して役になりきる"俳優"は、主に2つに分けられます。ひとつはテレビドラマや映画に出演する映像俳優。もうひとつは舞台上で演技をする舞台俳優です。ミュージカルを中心に活動する演者も舞台俳優に含まれます。

　いずれの仕事も、**脚本家による台本に従って役を演じ、視聴者と観客を魅了することが職務となります**。その一方で、主役になれる俳優は一握りの層に限られ、多くはその他大勢のエキストラや脇役を演じながら下積み生活を送り、スターを目指します。

> 創作で登場させるコツ

スターだけが持つ輝きを
読者に伝わるよう人物造形する

演技力が求められながらも、それだけでは上へ行けない世界です。"俳優"で売れるには個性や才能はもちろん、並外れた強運と忍耐力が求められます。有名になって一流の現場を踏むには幾多のオーディションを受けて役を勝ち取っていくしかありません。

　そのため、脚本家、演出家、映画監督といった製作陣に演技と個性を認められ、見出してもらう必要があります。売れるまで苦しい生活を強いられ、それでも諦めずに夢を追いつづけた者だけがスターとして輝ける厳しい世界なのです。つまり俳優とは、**リアルな生き様自体がドラマで、起伏に富んだストーリーに満ちています。**

　物語で俳優を扱う場合、売れない時代からスターダムへと駆け上がるパターンを描いた作品が目立つものの、それだけでは物足りません。何より大切なのは、**主役キャラの「卓越した魅力」が読者に伝わるよう人物造形すること**。スターだけが持つ輝きを物語のなかでも表現しなければ説得力は生まれません。

俳優の世界は完全なヒエラルキー社会

- 主役のスター
- 準主役
- 脇役
- エキストラ
- 役者志望／劇団員

PART.6 マスコミ・芸能

マスコミ・芸能 ❼

アーティスト

【関連する部署】
アーティストマネジメント部　制作部　営業部　イベント企画部　など

【種類】
シンガーソングライター　歌手　演奏家　サウンドクリエイターなど

【必須アイテム】

楽器　マイク　ヘッドホン

【資格】
学歴は問われないが、歌唱力、演奏技術、作詞・作曲の技術やセンスなどさまざまな資質が求められる。レコード会社や音楽プロダクションに所属することが一般的。

【技能】
歌唱、楽器の演奏、作詞・作曲・編曲技術

☑ 主な仕事内容

音楽も芸術作品として扱われ広く支持される人気職業

元来、芸術家や美術家を意味する"アーティスト"ですが、いつの頃からか音楽活動をする歌手とミュージシャンをさす言葉として定着しました。厳密な定義はないものの、作詞・作曲や楽器演奏、パフォーマンスにおいて創造的表現をするクリエイターに対し、尊敬の念を込めて呼ぶようになったといわれます。

アーティストの生業は楽曲を制作して発表し、ライブを開催して自身の作品を売ること。**歌のみならず存在自体がアイコンとして広く支持されなければ務まらない仕事でもあります。**

☑ 創作で登場させるコツ

文字だけで伝えにくい音楽は
難易度の高い創作ジャンルのひとつ

PART.6 マスコミ・芸能

人々を惹きつける独自の「何か」がなければ、歌や楽器演奏がうまいだけでは、この道で成功できません。

〝アーティスト〟を目指す主人公の物語が多いのは、何もない状態からの惜しみない努力と、ぐいぐい開花していく才能が、観る人の共感と応援をいざない、没入感の高いドラマ性を生み出すから。誰もが心のどこかで憧れるスターの成長物語と紆余曲折は、非常にインパクトのある物語を描写できます。

ところが**映画やドラマならともかく、文章表現だけの小説では、とても難易度の高い創作ジャンルだと理解しましょう。**

なぜなら歌唱力や音楽性や楽曲の素晴らしさを文字で伝え切ることは至難の業だからです。いえ、不可能といっても過言ではありません。ただ、そうした前提を踏まえ、キャラクター造形やストーリーの面白さで勝負すべく創作に取り組むのは、書き手として持つべきアグレッシブな姿勢といえます。

デビューのため音楽プロデューサーの目に留まるには

SNSで発信

オーディションに参加

路上ライブ

マスコミ・芸能 ⑧

アイドル

【関連する部署】
マネジメント部　プロモーション部　イベント部　衣装部　など

【種類】
アイドル歌手　地上アイドル　地下アイドル　バーチャルアイドル　など

【必須アイテム】

マイク　　衣装

ファンからのプレゼント

【資格】
芸能プロダクションの養成所で歌やダンスなどを学びながら、オーディション合格を目指す方法がある。近年では、SNSでの動画配信で知名度を上げる人も。

【技能】
歌唱力、ダンス、演技力、アピール力

主な仕事内容

競争や世代交代が激しい
華やかで厳しい世界

熱 狂的ファンに支持される"アイドル"は、主に歌とダンスのパフォーマンスを得意とし、メディアやライブで精力的に活動します。握手会、サイン会といったファンとの交流も欠かせません。

競争が激しいアイドル界において、長期にわたる仕事の安定は難しく、第一線で活躍できるのはトップ層の一握りだけ。

しかも、いずれは世代交代の波に押されてアイドルを引退しなければなりません。順調にキャリアを重ねてスターとなったアイドルのみ、その後、俳優やタレントとして新たな活躍の場に移行できます。

> 創作で登場させるコツ

SNSでバズれば
一夜にしてスターになれる時代

昨 今、"アイドル"の在り方は変革期を迎えています。103ページでも触れましたが、芸能プロダクションに所属せず、芸能人が自身でセルフプロデュースする動きが主流となったのも一因です。

また、周知のように大手芸能事務所が求心力を失い、アイドルという偶像化されたスターのイメージが変容した影響もあります。

よくも悪くも、**これらはネットの浸透による時代の流れです。**

アイドルが一般人と同様のSNSプラットフォームで情報発信と対話型コミュニケーションを図ることで、手を伸ばしても届かなかった存在が身近に感じられるようになりました。そればかりかネットにアップした個人的な楽曲やパフォーマンスがバズり、一夜にしてスターになれる夢のような出来事も現実に起きています。

新世代のアイドルを物語で描くには、こうした新たな可能性は無視できません。 そればかりか今後どんなアイドル像が主流となるかを読み解きながら創作にチャレンジすべきでしょう。

PART.6 マスコミ・芸能

かつてアイドルの仕事が「つらい」といわれた3大理由

多忙で睡眠時間が取れない

売れない時期は給料少ない

プライベートがない

マスコミ・芸能 ❾

YouTuber

【関連する組織】
広告代理店　SNSプラットフォーム　PR会社　音楽プロダクション　など

【種類】
トップインフルエンサー　ミドルインフルエンサー　など

【必須アイテム】

ピンマイク　　自撮り棒

パソコン

【資格】
最新のトレンドにアンテナを張りながら企画を立て、撮影、編集、配信まですべて一人で行う実行力が求められる。質の高いコンテンツ配信を継続して行う力も必要。

【技能】
企画・マーケティング能力、編集技術

主な仕事内容

動画配信を極めれば
億万長者も夢じゃない

　"YouTuber"とは、YouTubeという動画配信サイト上でオリジナル動画を配信するクリエイターのこと。投稿動画の再生回数に応じて広告収入が得られ、2020年には米国在住の8歳の少年が年収28億円を稼いで話題となりました。

　広告収入のほか、ファンの視聴者が月額料金を支払うメンバーシップ制度や、「投げ銭」と呼ばれる視聴者からの寄付もYouTuberの利益となります。ちなみにYouTubeは、Googleが全世界に提供している動画の投稿・閲覧サービスです。

> ☑ 創作で登場させるコツ

世界中で同時閲覧可能なYouTube
仕事にするには卓越した才能が必要

PART.6 マスコミ・芸能

動 画を撮影してアップするだけで職業として成立するほど、現在の〝YouTuber〟の世界は甘くありません。プロの動画クリエイターや芸能人が多数流入し、エンタメ性や構成力はテレビに引けをとらないクオリティになっているからです。**仕事として食べていくには、卓越した企画力とマーケティング能力、高度な撮影・編集技術、さらには演者のキャラ立ちと飽くなき継続力が求められます。**

　日本で個人のYouTuberが広告収入を得られるようになったのは2012年のこと。濡れ手に粟のブルーオーシャン時代はとうの昔に終わっています。

　とはいえ、アップした動画が世界中で同時閲覧されるYouTubeの世界自体には未知の可能性が残ります。**その仕組みを知り抜き、誰も気づいていない裏技・秘技を見出せば、目からウロコの伏線やトリックになるかもしれません。**そういう観点では、書き手目線でYouTuberを題材とした物語を今一度検証してみるのはありでしょう。

一発当てたYouTuberは活躍の場が広がる

テレビ出演

本の出版

投資

マスコミ・芸能 ⑩

記者

【関連する部署】
新聞社の政治部　社会部　出版社の編集部　テレビ局の報道部　など

【種類】
新聞記者　雑誌記者　放送記者　など

【必須アイテム】

メモ帳　　ボールペン
ボイスレコーダー

【資格】
新聞社、出版社、放送局などに就職するほか、フリーランスとして働く人もいる。幅広い知識や教養、思考力、文章力やコミュニケーション能力が求められる。

【技能】
情報収集、文章力、検証力、探究心

☑ 主な仕事内容

時事問題やトレンドに常に食いつき追いかける

メディアを通じてさまざまな情報を発信する"記者"は、幅広い知識が求められます。時事問題はもちろん、政治・経済から日常のエンタメ・グルメ情報まで、世の中で関心が集まるひと通りの出来事に興味を持ち、精通しなければ務まりません。

取材して記事を書くことが職務であるため、語学力や文章力、コミュニケーション能力が重要視されます。ひと口に記者といっても、新聞、雑誌、テレビ報道、さらにはウェブなど、携わる媒体は多岐にわたりますが、仕事内容は基本的に同じです。

☑ 創作で登場させるコツ

誰も知り得ない真相をつかむ
情報収集が何よりの仕事

ミ ステリーやサスペンスでは、"記者"が事件に首を突っ込んで独自取材するうち、刑事も知り得ない真相をつかんでしまい、凶悪犯人に命を狙われてしまう——という展開がお馴染みです。

事件や事故をネタとして追う敏腕記者のなかには、頭脳明晰で判断力に優れ、独自の情報ネットワークを持つ者がいても不思議ではありません。つまり**物語上の設定人物としては、非常に動かしやすい職業のキャラクターだと覚えておきましょう**。

そのため、新人刑事とバディを組んで事件を解決したり、ベテラン刑事をサポートする形で有力情報を示唆したりします。

あるいは**そこまで物語の核心に関わる重要な役回りでなくとも、謎解きの展開をスムーズに運ぶサブキャラの情報屋として有効に機能します**。

そればかりか敵側に情報を売る腹黒な悪役にも設定でき、とにかく使い勝手のいい仕事人であることは間違いありません。

記者に求められる能力とは

- 好奇心旺盛
- 几帳面さ
- 高い問題意識
- タフな心身

PART.6 マスコミ・芸能

マスコミ・芸能 ⑪

編集者

【関連する部署】
編集部　制作部　校正部　マーケティング部　営業部　デザイン部　など

【役職】
編集長　副編集長　編集デスク　進行　編集アシスタント　など

【必須アイテム】

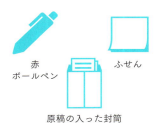

赤ボールペン　　ふせん　　原稿の入った封筒

【資格】
出版社や編集プロダクション、WEBメディアなどで勤務するほか、フリーランスとして働く人もいる。幅広い教養や世の中の流れへの感度、事務処理力が求められる。

【技能】
企画、編集、予算計画、進行管理、校正

☑ 主な仕事内容

書籍や雑誌、マンガに仕上がるまで統括して品質を管理する

　書籍や雑誌の企画から出版まで、本づくりの全工程に関わるのが"編集者"の役割です。**扱う本のジャンルや形態によって仕事内容とスピード感が変わってくるものの、担う業務自体は同じです。**まず企画内容を決定し、予算とスケジュールを立てます。次にコンテンツ制作に必要な作家やライター、グラフィックデザイナー、カメラマンといったスタッフを選び、実制作に入ります。

　編集者は全制作物のクオリティを確認しながら、最終的に印刷物として仕上がるまで、統括して品質を管理します。

> ☑ 創作で登場させるコツ

仕事の面白さやチームワークの難しさなど ユニークな職場を描きやすい職業

自由度の高い職業に見えますが、その分、個々の〝編集者〟にのしかかる責任は重く、しかも業務内容は特殊で、一冊の本として成果物を完成させるには並々ならぬ苦労とトラブルがあります。

そうした編集者の働きぶりは、「お仕事小説」という分野で重宝され、たびたび物語で扱われてきました。

本をつくる仕事の面白さと専門性、チームワークの難しさと素晴らしさ、キャラ立ちする人物を登場させやすい職場設定など、**編集者が題材の物語にはユニークなポイントが満載で、読む者を魅了するツボを押さえやすい特徴がある**といわれます。

『舟を編む』（三浦しをん／光文社）は、辞書編さんに奮闘する編集部員たちの人間ドラマをいきいきと描き、多くの読者の共感を生んだ名作として知られます。2012年に本屋大賞を受賞、13年に映画化、16年にはアニメ化も実現した大ベストセラー作品をぜひ参考にしてみましょう。

優秀な編集者はどんなジャンルの本でもつくれる

ファッション	政治・経済	趣味	エンタメ
マンガ			ビジネス
芸術			健康
教育			音楽
料理	映画	文芸	歴史

PART.6 マスコミ・芸能

COLUMN 6

芸能界への先入観は捨てて実情を見極めることが大切

　本章では「マスコミ・芸能」の職業について解説し、要所要所でそれらの仕事が華やかなポジションから外れつつあるシビアな現実に言及しました。

　じつのところ昭和の時代と比較すれば、令和における「マスコミ・芸能」の位置づけは短期サイクルで変容を遂げています。

　要因は前述の通り、インターネットの台頭が大きく影響し、業界全体の通気性を良くしたからです。一方で、YouTubeのようなSNSの動画サイトがニューメディアとして注目を集めようとは、テレビ全盛期には誰も予想できなかったに違いありません。

　ある意味、「マスコミ・芸能」にカテゴライズされる職業とは、栄枯盛衰が世の常という現実を体現し、その一部がいかに旧態依然だったかを象徴しているといえるでしょう。

　物語創作においてこれらの職業を扱う際には、世間一般の先入観を払拭し、実情を見極めたうえで取り入れるべきです。あるいは今後さらにどう変わりゆくかを先読みする、書き手としての眼識が求められます。

　それでも同分野の職業や組織は、一般企業と異なるユニークな文化と特色に満ち、ネタとしておいしい部分がまだまだ残っているのも事実。どう創作にいかして設定を面白くするかは、新しい切り口でストーリーを組み立てる書き手の筆力にかかっています。

PART.7 アンダーグラウンド

アンダーグラウンドの組織と相関図

```
指定暴力団

組長
├── 若頭  次期組長候補
│   │   執行部
│   │   ├ 本部長   実務を担う責任者
│   │   └ 若頭補佐  次期若頭候補
│   └── 若衆・若中
│        組長と「親子盃」を
│        交わした子分
├── 顧問
│    組長の相談役
└── 舎弟頭  舎弟のトップ
     └── 舎弟
          組長と「兄弟盃」
          を交わした子分
```

詐欺師
ニンベン師
　↑
　│協力※
　←────
　　　　　取引
情報屋 ←── 紹介
　↕ 取引
半グレ ←─ 協力※ ─→

※団体によって組織図・名称は異なります。

※協力関係にない場合もある。

122

かつては指定暴力団が裏社会を牛耳る存在だった。しかし対策法による取り締まりの強化で、その力は年々弱まっている。一方、その取り締まりをすり抜けられる半グレが近年増加している。

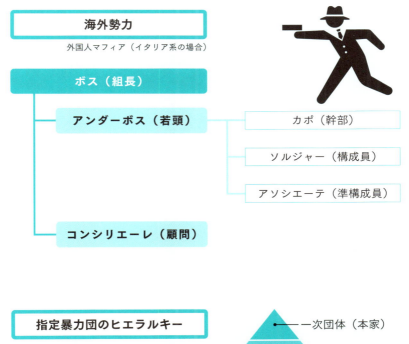

海外勢力
外国人マフィア（イタリア系の場合）

ボス（組長）
アンダーボス（若頭）
カポ（幹部）
ソルジャー（構成員）
アソシエーテ（準構成員）
コンシリエーレ（顧問）

指定暴力団のヒエラルキー

一次団体（本家）
二次団体
三次団体
四次団体
五次団体

指定暴力団は一次団体を中心に、二次団体から五次団体まで連鎖的に形成され、階層ごとに指揮命令系統が徹底され、組織全体の統制が保たれている。

紹介 → 闇バイト

指定暴力団

【関連する組織】
半グレ　闇金融業者　風俗産業企業　政治家　外国人マフィア　など

【役職】
会長・組長　若頭・理事長　本部長　舎弟頭　舎弟　若中　など

【必須アイテム】

高級時計

葉巻

拳銃

【資格】
暴力団に入るには、その組員などから紹介を受けることが一般的。若くても18歳以上がほとんど。「盃」と呼ばれる儀式を経ることにより、強い絆で結ばれる。

【技能】
威圧的な交渉術、人脈形成、資金洗浄

☑ 主な仕事内容

「シノギ」といわれる仕事は賭博、ノミ行為、違法薬物の密売など

通称、「ヤクザ」あるいは「極道」と呼ばれる"指定暴力団"は、犯罪行為で金を稼ぐ、いわば不当営利追求集団。

「シノギ」といわれる暴力団の仕事には、賭博、ノミ行為、違法薬物の密売、売春、恐喝などがあります。一方で、経済に詳しい幹部が舵をとる暴力団では、企業倒産整理、債権回収、不動産の売買、金銭貸借、手形取引といった民事介入の違法行為を資金源としています。

昭和では猛威を振るいながらも、1992年施行の暴対法で取り締まりが強化され、組員の高齢化もあり、弱体化の一途を辿っています。

> ✅ 創作で登場させるコツ

階級や役職をリアルに描くには入念な下調べと取材が必要

弱体化したとはいえ、物語創作において〝指定暴力団〟はいまだ根強いニーズがあります。文芸界全体のトレンドとして、ハードボイルドやノアール、バイオレンスアクションの人気は下火であるものの、「社会悪の代表格」といえばやはり暴力団です。物語に登場するヤクザたちは拳銃を所持し、危険ドラッグを売買し、高級車に乗って暴れ回ることがなかば公認となっています。

しかし、**暴力団をリアルに描こうとすればなかなかに難易度が高く、入念な下調べと取材が必要となります**。たとえばヤクザの血縁関係をさす盃には「親」「子」「兄弟」の3つの意味合いがあり、これらの関係性の知見なくして階級や役職は語れません。

また会長職の直下にあたる執行三役の若頭や理事長をはじめ、**組の実務を取り仕切る本部長以下の組員構成の身分にもさまざまな呼称や役割が存在し、完全に理解するにはかなり骨が折れることを覚悟すべき**でしょう。これは私自身の苦い経験からです。

役職の呼称も組織によって異なる

若頭＝理事長

若頭を理事長という組織もあります

アンダーグラウンド ❷

半グレ

【関連する組織】
暴力団　詐欺関連組織　名簿業者　闇金融業者　風俗産業企業　など

【役職】
リーダー　かけ子グループ　受け子・出し子グループ　など

【必須アイテム】

名簿データ

スマホ

サングラス

【資格】
暴力団と違って修業期間がなく、すぐにでも半グレを名乗れてしまう。地元の先輩後輩係が集団化したものもあり、さまざまな団体が目まぐるしく離合集散している。

【技能】
特殊詐欺の実行、みかじめ料の督促・集金

☑ 主な仕事内容

暴力団の実行部隊として
汚れ仕事を引き受ける場合も

　暴力団とは異なる新興犯罪組織が"半グレ"です。台頭してきたのは2010年以降。その語源は「半分グレてる」といわれるものの、**暴力団に引けをとらない悪質な犯罪行為に手を染める危険な集団です**。半グレが資金源とするのは、特殊詐欺、組織窃盗、みかじめ料などですが、暴力団の実行部隊として汚れ仕事を引き受け、下請けの弱小半グレグループにやらせる場合もあります。さらには大麻や危険ドラッグといった違法薬物を捌き、外国人の管理売春をシノギとする本格的なグループも摘発されています。

> ☑ 創作で登場させるコツ

規模や設定を自由にアレンジできるが極端な美化は禁物

組 の看板もバッジも持たない〝半グレ〟の最大の武器は匿名性にあります。一般人に紛れて普通に生活するため判別がつきにくく、警察も取り締まりに手を焼いているのが現状です。暴力団の構成員は賃貸住宅を借りられない、銀行口座を開設できないといった制約があるものの、半グレには無関係。**自由に社会・経済活動が行えます。**こうした法的規制の甘さにつけ込み、ここ十年余りで半グレは跳梁跋扈し、雨後の筍のごとく増え続けました。オレオレ詐欺にはじまる特殊詐欺や集団強盗が瞬く間に激増して社会問題化した背景にあるのは、半グレの暗躍にほかなりません。

　組織として固有の実体や事務所を持たない半グレは、新たな「反社の根源」として物語に頻繁に登場するようになりました。具体像が曖昧なため、創作者の意図で規模や設定を自在にアレンジできるフレキシビリティがあるからでしょう。とはいえ悪の組織には変わりなく、その存在を美化する描写は禁物です。

令和の半グレの傾向とは

10代も多く、低年齢化

普段は社会人の場合も

暴走族OBはもはや少ない

アンダーグラウンド ❸
闇バイト

【関連する組織】
暴力団　半グレ集団　詐欺関連組織　名簿業者　など

【役職】
リーダー　かけ子グループ　受け子・出し子グループ　など

【必須アイテム】

スマホ

SIMカード

目出し帽

【資格】
インターネット上での求人や、SNSによる勧誘、知人からの紹介などから手を染めることが多い。闇バイトと知らずに巻き込まれてしまう場合も多々ある。

【技能】
詐欺行為の話術、ITリテラシー、従順性

✓ 主な仕事内容

SNSやインターネットで募集される
犯罪実行者

　今や連日のようにマスコミやネットで報道される"闇バイト"問題。それらの元凶は前頁で解説した半グレ集団です。

　SNSやインターネット掲示板で募集されるケースが多く、高額報酬を謳（うた）いながらも具体的な仕事内容は明示されません。「運ぶだけ」「荷物を受け取るだけ」など曖昧な記載しかなく、それでいて「時給5万円」「簡単に1日10万円稼げる」と高給で誘い、「ホワイト案件」とまで書いて巧みに犯罪実行者を募ります。

　捨て駒であるため逮捕された時点で即座に見捨てられます。

☑ 創作で登場させるコツ

話題性の高い犯罪を扱おうとも
結局作品を面白くするのはキャラ設定

　一度関わってしまうと、なかなか抜け出せなくなるのが〝闇バイト〟の恐ろしさだといわれます。応募の際、運転免許証などの身分証明書と一緒に家族の個人情報まで送るよう要求されるからです。そのため一度でも加担してしまえば、本人のみならず家族にまで危険が及ぶと脅され、負のループから逃れられなくなります。

　しかも警察が逮捕するのはリクルートされた使い捨てのアルバイト人員がほとんど。**ユーザーが特定できないアプリを用い、海外から指示を出しているような主犯格グループを摘発するのは容易ではありません。**

　社会的影響が大きい闇バイトを題材にした作品はクライムノベルで多数見受けられるようになりました。が、類似パターンが多く、ミステリーやサスペンスとしての完成度はいまひとつ。**話題性の高い犯罪を扱おうとも、結局は事件に介在する人間を丹念に描かなければストーリーが面白くならない点を理解しましょう。**

闇バイトでよく使われる募集隠語

受け	現金やキャッシュカードを受け取る「受け子」の隠語
叩き	家屋や店に押し入って財産を奪う「強盗」の隠語
出し	キャッシュカードで現金をおろす「出し子」の隠語

PART.7 アンダーグラウンド

アンダーグラウンド ❹

詐欺師

【関連する組織】
詐欺師ネットワーク　名簿業者　地面師集団　ニンベン師　など

【種類】
催眠商法詐欺師　霊感商法詐欺師　結婚詐欺師　地面師　など

【必須アイテム】

変装道具

シュレッダー

ボイスチェンジャー

【資格】
人を騙すことを生業にし、さまざまな心理術や話術を駆使する。適切なターゲット選定やリサーチのノウハウ、書類偽造の技術、金融に関する高度な知識を習得している。

【技能】
巧みな話術、個人情報の収集、演技力

✓ 主な仕事内容

ITに特化した犯罪が急増中
匿名・流動型犯罪も深刻な問題

"詐"欺師"の手口は巧妙化し、かつてないほど悪質になっています。原因のひとつとして、**振り込め詐欺に代表される特殊詐欺の多様化が挙げられます**。還付金詐欺や融資保険金詐欺にはじまり、フィッシング詐欺、ワンクリック詐欺とITに特化した犯罪も急増し、被害は拡大の一途です。こうした背景には先に解説した暴力団や半グレの関与が指摘される一方、ネットを介して集う匿名・流動型犯罪グループの台頭も深刻な問題です。闇バイトと同様に統制なき犯罪行為は警察とのいたちごっこが繰り返されます。

✅ 創作で登場させるコツ

SNSを利用した犯罪の増加は物語創作においても無視できない

注 意喚起されながらも詐欺犯罪が横行し、被害者が増え続ける理由の一端は、SNSの普及にあるといわれます。**物語創作において詐欺を含めた事件を扱う際には、SNSの存在は無視できません**。特性を理解したうえで犯罪行為のシーンを描写すべきでしょう。

まず、SNSは誰もがアクセスしやすいネットメディアであるうえ、発信者の匿名性を保守できる特徴を備えます。そのため**犯人は身元を隠して広範なリーチが可能となります**。また匿名性の保守ばかりか、偽のプロフィール作成による偽装行為が簡単です。被害者の心理的操作が容易くなり、信頼を得るまでに時間を要しません。

さらにSNSの特性として、個人の趣味嗜好に基づいた情報を取得できます。よって相手の懐に入りやすいメッセージを送りつけ、短期間で優位かつ都合のいい関係が築けます。

このようにSNSは詐欺行為に適したメリットが複数あるため、口が上手でなくても成功率が格段に上がると分析されています。

詐欺師といえば地面師詐欺も話題に

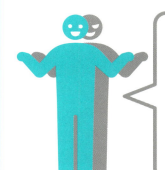

地面師とは？
- 不動産の所有者になりすます
- 登記簿謄本など公的書類を高度に偽造
- ターゲットの買主から代金を騙し取る
- 2017年に大手住宅メーカーが50億円以上も詐欺被害に遭ったことで存在が有名になる

アンダーグラウンド ❺

ニンベン師

【関連する組織】
詐欺師　地面師集団　暴力団　半グレ　など

【種類】
身分証明書の偽造　書類の偽造　など

【必須アイテム】

ニセの
ハンコ

シュレッダー

使い捨て（プリペイド）携帯

【資格】
偽造身分証明書や偽造書類を作成する高度な専門知識と技術が求められる。ホログラムやエンボス加工を含む特殊な印刷技術や、ロゴや印章を再現するスキルも必要。

【技能】
印刷技術、デザイン技術、フォントの知識

☑ 主な仕事内容

呼び名の由来は
偽造の「偽」の部首から

犯 罪に関する警察用語は独特です。たとえば拳銃はチャカ。これはヤクザ用語ではなく警察が使っていた呼び名でした。

　会話などで外部に秘密が漏洩しないため使われる警察用語には、表記する漢字に由来するパターンが多々見受けられます。

　「うかんむり」とは窃盗や空き巣をさし、「窃」の字が由来です。「ごんべん」は詐欺、「さんずい」は汚職をさします。同じ理屈から**"ニンベン師"とは偽造の「偽」が由来で、免許証や印鑑証明書といった公文書の偽造屋を意味します。**

☑ 創作で登場させるコツ

ご都合主義な犯罪作品にならないよう偽造描写はていねいに

PART.7 アンダーグラウンド

公 文書を偽造できれば、さまざまな申請や契約が架空名義で可能となります。仮に存在しない名義の登記簿謄本があれば、銀行に口座開設や融資を申し込むとき、不動産の売買契約を結ぶときなどに悪用できます。ともすれば数億円もの大金をまんまとせしめられる、重罪に直結する犯罪行為です。**第一線で活躍できるプロの"ニンベン師"は卓越した技術と専門知識が必要であり、非常に希少とされます**。その一方、反社組織は大規模な犯罪を成功させるため、腕の立つニンベン師の存在が必須といえるでしょう。

話題となった『地面師たち』（新庄耕／集英社）に登場するニンベン師しかり、身分証明書をはじめとする公文書を偽造できればあらゆる「なりすまし」が思いのままです。ただし、**天才的ニンベン師を安易に物語で起用すべきではありません**。公文書を精密に模写するための専門知識の解説や、リアルな偽造描写シーンを疎かにすれば、ご都合主義な犯罪小説になってしまいます。

犯罪の隠語となる警察用語はまだまだある

よこ	「横」で横領事件をさす
ラジオ	「無銭」と「無線」をかけ、無銭飲食をさす
のび	「忍び」に由来。泥棒のこと
ゆみへん	強盗など「強」がつく犯罪をさす
かいもの師	スーパーなどの万引き常習犯をさす

アンダーグラウンド ❻

情報屋

【関連する組織】
窃盗団　半グレ　詐欺師　警察　公安調査庁　など

【種類】
企業・組織内情報提供者　探偵　興信所　調査会社　など

【必須アイテム】

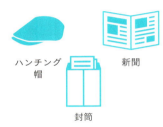

ハンチング帽
新聞
封筒

【資格】
裏社会や警察、出版・報道の関係者など、各業界に太いパイプがなければ務まらない。組織のデータベースにアクセスできる者が大量の情報を外部に売りわたすことも。

【技能】
情報収集、聞き込み、人間関係の構築

✅ 主な仕事内容

半グレが取引先なら犯罪に直結するネタを専門に扱う情報屋が介在

表の世界では出回らない極秘のネタを専門に売るのが"情報屋"の仕事です。情報屋の取引先はさまざまで、相手によって情報屋の特性と扱うネタが大きく変わってきます。

たとえば半グレが取引先なら、確実に大金が置いてある家とか、叩き（強盗）をしやすい家族構成など、犯罪に直結するネタを専門に扱う情報屋が介在します。競合企業の顧客データベースの入手を目論む会社には、ハッカーとのパイプを持つIT系に特化した情報屋が暗躍すると考えて間違いないでしょう。

☑ 創作で登場させるコツ

敵か味方かわからない
ミステリアスでグレーな存在

警察小説やクライムノベルでお約束のように登場する〝情報屋〟は、スパイの頭文字をとって「S」と刑事から呼ばれ、事件に絡む情報をわたしていくばくかの謝礼を受け取ります。

フィクションの世界だけの話と思われがちなSですが、現実にも存在するといわれます。とはいえ情報屋は裏稼業であり、警察が裏取引することもまた違法であるため、表沙汰になることはありません。

情報屋の多くは反社の側で生きていた人たち。何らかの事情があって現役を引退しながら、それでもかつてのルートを駆使して「危ないネタ」をつかんで金に交換するのが生業です。

物語では訳ありの情報屋を巧妙に設定し、中盤以降までグレーな存在として動かせばスリリングな展開が描けます。敵か味方か一見判別がつかない存在は、さまざまなフラグとして活用できるからです。こうしたバイプレーヤーに妙味を持たせてキャラ立ちさせれば、ストーリーが波乱含みで盛り上がります。

情報屋がなかなか逮捕されない理由

裏の存在に
徹底する

ブローカーを
嚙ませる

絶対に現場へ
行かない

ヒットマン

【関連する組織】
暴力団　外国人マフィア　麻薬組織　など

【種類】
初心者　素人　職人　達人　など

【必須アイテム】

黒い中折れ帽

手袋

サイレンサー付き拳銃

【資格】
犯罪組織に属して暗殺の任務を課される者と、独立して殺しを請け負う者とに大別される。軍や特殊部隊の出身者が戦闘技術を見込まれヒットマンとなることもある。

【技能】
高度な狙撃技術、隠密行動、証拠隠滅

✓ 主な仕事内容

もし存在するとしても捕まらない
謎に包まれた職業

殺し屋、もしくは暗殺者の意味を持つ〝ヒットマン〟。映画や小説だけでなく、**現実の世の中にも存在することは昔から世界各所で確認されています**。それも犯罪者同士の抗争絡みだけでなく、国家元首が邪魔者を契約殺人によって排除するため、本物のヒットマンを雇っていた事実すら歴史上明らかになっています。

　令和の日本では報酬と引き換えに人を殺す犯罪者は確認されているものの、プロとして訓練されたヒットマンではないようです。あるいは、もし存在するとしても表沙汰にはならないでしょう。

☑ 創作で登場させるコツ

一般的なイメージ像から離れた設定で作品に新しさをプラス

現代日本を舞台としたリアル世界観で、拳銃やマシンガンをぶっ放す"ヒットマン"をいきなり登場させるのは難易度が高すぎるかもしれません。よほどユニークなシチュエーションでなければ、読者の共感も没入感も得られないからです。

ただ、**発想を転換すると現代版ヒットマンはありかと思います。**

詐欺師について解説した131ページでは、SNSの功罪にも触れました。闇バイトの流れでSNSにて殺人者を募集したところ、かつて凄腕のヒットマンだった男が失業中で金に困っていたため応募して、奇々怪々な難事件に巻き込まれていく――みたいな設定はどうでしょう？　**復讐代行屋が暗殺者に成り変わって凶悪な連続殺人に手を染める、というパターンも考えられます。**

ヒットマンといえばストイックでプロ意識の塊のような職人肌の殺人者を想起しがちですが、そうしたイメージ像から乖離するものの、これがネット社会にフィットする設定かもしれません。

PART7　アンダーグラウンド

アメリカ史上屈指のヒットマンは

・暗黒街では「死の天使」の名で知られた
・映画『ジョン・ウィック』のモデル
・生涯で50人以上を暗殺した

チェスター・ウィーラー・キャンベル

アンダーグラウンド ❽

マフィア

【関連する人】
ヒットマン　麻薬組織　暴力団　情報屋　政治家　経済界幹部　など

【役職】
ボス　副ボス　相談役　幹部　など

【必須アイテム】

中折れ帽

葉巻

マシンガン

【資格】
コネやスカウトでメンバーになることが一般的。組織に忠誠を誓い、拷問を受けても沈黙する「血の掟」を厳守するよう求められ、違反者は殺されるなど制裁を受ける。

【技能】
武器の扱い、資金洗浄、情報網の構築

☑ 主な仕事内容

世界各国で絶大な勢力を誇る組織犯罪集団

　イタリアのシチリア島を起源とする世界的な組織犯罪集団の"マフィア"は、19〜20世紀にかけてアメリカへ移民として流入。
　古くはアメリカの禁酒法時代にアルコール類の密造と密輸を資金源とし、増強した資本で今度は労働組合を片っ端から傘下に収めました。組合を率いてストライキを起こすと経営陣を脅し、アメリカの大恐慌時代に恐喝で大儲けします。その後はギャンブル産業に食い込み、カジノ経営で巨万の富を築き上げました。
　現在ではイタリアをはじめ世界各国で絶大な勢力を誇ります。

> ☑ 創作で登場させるコツ

裏切りは絶対に許されない
組織の秘密は命より大事

金 儲けに目ざとい"マフィア"ですが、日頃の主たる活動は、殺人、麻薬密売、密輸、高利貸し、誘拐と、悪の限りを尽くします。

　イタリアンマフィアといえば映画『ゴッドファーザー』が有名です。作中の通り、**マフィアはファミリーとして鉄の結束を固め、組織の秘密を死守する血の掟があります。**もし破れば本人はもちろん家族まで抹殺されます。また、マフィアは利権のためには手段を選ばず牙を剥きます。邪魔する者がたとえ政治家や警察署長でも容赦なく暗殺し、権力者へのテロ行為も厭いません。

　弱体化する一途の日本の暴力団とは異なり、マフィアの凶暴性は今なお悪役として揺るぎない資質に満ちています。

　たとえばイタリアンマフィアが日本へ密入国して独自のファミリーを形成すればどのような事態になるでしょう。暴力団や半グレとの三つ巴の抗争に発展するのでしょうか。

　物語の書き手であれば非常に気になる「ifの世界」です。

マフィアはどんな権力者に対しても牙を剥く

COLUMN 7

戦うべき敵キャラなくして
名作は成立しない

　PART.6の末尾のコラムで「マスコミ・芸能」の位置づけが変化している現実に触れたように、「アンダーグラウンド」な世界もまた大きく変わろうとしています。

　反社の代名詞として跳梁跋扈した指定暴力団が弱体化しようとは誰が想像できたでしょうか？　半グレなる新興組織が幅を利かせ、闇バイトや特殊詐欺といった新たな犯罪行為で世間を震撼させるなど、警察ですら想定外だったに違いありません。

　犯罪者は現実世界で憎むべき悪ですが、物語世界においては正義の味方と拮抗関係にある、いわばライバル的存在。残忍かつ凶悪なほど物語は盛り上がりを見せ、読者の感情を揺り動かす憎き敵キャラなくして名作は成立しません。

　もしあなたが現代を舞台としたミステリーやサスペンスを書くなら、反社の代名詞となりつつある半グレをはじめ、闇バイト主犯格や詐欺師やニンベン師など、新たな犯罪者勢力の実体や特性に関心を向けるべきです。世相を反映する〝旬〟の事件を扱ってこそ、既存にないストーリー展開や悪の在り方を描けるからです。

　時代の継ぎ目で浮上する多様な変化を鋭敏に察知し、即座に創作へと取り込む意欲は、書き手として大切な姿勢のひとつ。ヒット作を次々と世に送り出す作家は、こうした術に長け、クリエイターとしてのアンテナを常に張りめぐらせているものです。

巻末企画

クリエイターのための職業検定

創作のコツ 1

あらゆる職業の知識を身につければ、解像度の高いストーリーがつくれる

■ あり得ない描写は物語への没入感を奪う

　たとえば、あなたがベストセラーのミステリー小説を読むとき。**ストーリーが虚構のフィクションだとわかっていても、あらゆるシチュエーションや設定に、限りなくリアリティを求めます。**もし、そこにあり得ない描写が出てくれば、瞬く間に物語への没入感は損なわれ、ベストセラーであろうがなかろうが、作品への評価は厳しいものになってしまうでしょう。

　それほどにリアリティとは、創作において重きをなします。

同じ職業でも立場や役割に応じて
仕事への取り組み方は異なる

　現実世界を舞台とする物語の場合、登場人物の造形に大きく関わってくる職業の設定は、書き手にとって醍醐味であると同時に、非常に頭を悩ます領域といえます。**なぜならキャラクターの人格と行動原理と魅力を大いに左右するから**です。

　そのためリアリティを踏まえたうえで付随する情報を適切に整理し、個々の人物的傾向に合わせて割り振る必要があります。

　仮に警視庁内の刑事たちの人間ドラマを描くとしましょう。

　同じ警察官であっても、所属する部署によって担当する事件の質はさまざまです。また、高学歴で幹部候補のキャリアと、交番勤務出身のノンキャリアでは、犯罪に対する捉え方や取り組み方は違うはず。さらには凶悪事件を扱う捜査一課に配属されたばかりの新人刑事と、この道20年の万年巡査部長とでは、正義感レベルや捜査への熱意も大きく異なります。あるいは裏で不正を働く中間管理職の警部補がいてもおかしくありません。

　登場人物が職業に関わる限り、このような多角的視点で背景や個性の差別化を図ってキャラクターを色分けしてこそ、ストーリーで果たすべき魅惑的な役割が明確になっていきます。

組織構造から裏事情まで理解してこそ
面白い作品に仕上がる

　つまるところ**職業を設定して描くには、特有の組織構造から裏事情まで理解してアレンジを施さなければオリジナル作品に仕上がりません**。しかも前述の通り、限りなくリアリティを求める読者の要求に応えることは必須。そのうえで奇想天外な大どんでん返しによって魅了する筆力と創造力が求められるのです。

創作のコツ 2

厳しい上下関係を利用して
主人公の苦悩を描くのも鉄板

登場人物に特定の職があると
物語の舞台がスムーズに決まる

　登場人物が特定の職業に就き、固有の組織に所属すると、キャラクター設定上、さまざまなプラス効果がもたらされます。

　まず挙げられるのは、**主人公をはじめキャストたちが演じる物語の舞台をスムーズに立ち上げられる**こと。医療系小説なら、大学病院で働く医師という設定にすればつかみはOK。世界観のつくり込みが容易に可能です。もちろんプロット段階では、規模や立地や特徴など、諸条件の綿密な組み立てが必要になります。

組織内の人物相関図をきちんと描き、リアルな人間ドラマを生む

　組織に所属して何がしかの職業に就いているなら、取りも直さず、そこで働く人たちとの人間関係を描きやすくなります。

　上司、同僚、先輩、後輩——職場では多様な関係性の他人が各々の業務を担当し、スタッフ間での連携によって仕事が成り立っています。ゆえに現実世界と同様、職場仲間とはビジネス以外の付き合いや干渉があって然るべき。**むしろ愛憎の絡んだ組織内の人物相関図をきちんと描写してこそ、物語としてのリアリティや人間ドラマが育まれます。**

　また、厳密な上下関係に縛られる組織内のシステムは、社会のヒエラルキーと同等のシビアな階級世界を象るのが常です。この法則を利用しない手はありません。

　物語の多くは逆境に立たされた主人公の登場から幕を開けるため、特に序盤シーンで好都合なシチュエーションをつくりやすいというメリットがあります。

敵対する職業と組織をつくり王道設定でストーリーを盛り上げる

　一方、敵対する両者の構図を端的に表す際も、職業と組織は有効に機能します。

　法廷劇における「検察官vs弁護士」は顕著な例といえるでしょう。昭和世代から数多の作品が送り出された「警察vs暴力団」という関係性も同様です。**ライバル関係にあるキャラクターの配置は、あらゆるジャンルの物語に通用する、いわば世界標準の王道設定。**この点を視野に入れ、創作の着想段階で職業と組織に目を向けてみるも大いにありといえます。

創作のコツ 3

どんなジャンルにも使える
覚えておきたい7つの職業分野

基本的な役割や責務を理解して
あらゆるフィクションで応用しよう

　ここまで読んでいただいた通り、本書は物語創作における職業と組織に特化した内容です。一見するとニッチな解説書に感じられる方もいるでしょう。ですが、その印象は間違いです。

　章立てして紹介した7つの職業分野は、**どれもが現実世界に即した区分になっているものの、基本的な役割や責務を理解して応用すれば、ファンタジーやSFをはじめ、あらゆるフィクションの世界観でも応用できるよう体系的にまとめてあります。**

登場人物の職業と属する組織の選定は
キャラクター設定で超重要

　本書は、物語創作においてニーズの高い業界を厳選。**各々の仕事内容と創作で登場させるコツについて紹介し、ヒエラルキーを表す組織図や図版でビジュアル的に理解できる仕様となっています。**

　PART.1の「警察」では、抜群の知名度を誇る捜査一課を筆頭に、犯罪事件の解決に動く主要部署の役務などをポイント別に解説。特に創作のヒントとなる着眼点を個別紹介しています。

　PART.2の「医療・消防」は、昨今あらためて注目を集め、小説や漫画やドラマで人気の分野です。そのなかでもキャラクター設定に外せないパートを取り揃えました。

　PART.3とPART.4では、「司法・法務」「立法・行政」という、社会派系の作品で必須の職業について言及。仕事名は知られているものの、表層では伝えられない実態に踏み込んでいます。

　PART.5の「自衛隊」は、今やエンタメ作品に欠かせない日本国の防衛組織といえるでしょう。物語の書き手ならぜひ蓄えておくべき知見を凝縮し、大切な要点をまとめてあります。

　PART.6の「マスコミ・芸能」は、どれもが身近な存在でありながら、内実は知られざる職務ばかり。急速に移りゆく時代の流れとともに変化するそれらの実像に迫っています。

　そして最終章。盛衰が激しい裏社会の周辺事情は、物語創作において見逃せないネタの宝庫。このPART.7では世の暗部にて怪しく蠢く「アンダーグラウンド」の面々を深掘りしました。

　さて、登場人物の職業と属する組織の選定は、キャラクター設定の最重要部を担うエレメントのひとつです。次ページより職業設定を練習できるシートを用意しました。ぜひ活用して自身の創作活動にいかしてください。

クリエイターのための職業検定
警察編

結構
難しいネモよ

PART.1で紹介した警察について、問題に答えながら振り返ってみましょう。細かい知識は現実味のある創作に役立ちます。

Q.1 下記の部署がそれぞれ担当する犯罪は？ 適当な組み合わせを線で結びなさい。

捜査一課 •	• A	空き巣、侵入盗、ひったくり、自転車泥棒、万引き、置き引きといった窃盗
捜査二課 •	• B	殺人、放火、強盗、誘拐といった凶悪犯罪
捜査三課 •	• C	詐欺、通貨偽造、横領、背任、文書偽造、贈収賄といった金銭と企業に関連する犯罪

Q.2 下記の文章が正しければ〇を、間違っていれば×を記入しなさい。

問	解答欄
① 科学捜査研究所の職員は警察官である。	
② SPは「近接保護部隊」と「先着警護部隊」に分けられる。	
③ 公安総務課は警察庁内の部署である。	
④ 交番勤務の職員は交通課の職員である。	

クリエイターのための職業検定
医療・消防編

PART.2で紹介した医療・消防について、問題に答えながら振り返ってみましょう。この分野は特に専門性が高いので、創作の際は注意です。

Q.1 外科医になるためのステップについて、下記のA～Cに適当な数字や言葉を入れなさい。

大学の医学部でA年間修学し、大学の卒業試験に合格する → 医師国家試験に合格してBを取得する → 臨床研修病院で最低C年間の臨床研修を積む → 3年以上の外科専門研修を積む → 研修終了後、晴れて外科医に！

A

B

C

Q.2 下記の文章の空欄A～Eに入る数字や言葉を記入しなさい。

① 精神科医は A の病気を治療する。
② 研修医は、 B が指定する病院にて研修を受けることが義務化されている。
③ 看護師になるには、大学または3年以上の教育を受けたあと、看護師国家試験に C する必要がある。
④ 患者の人体に放射線を照射できるのは、医師、歯科医師を除くと D のみである。
⑤ 消防士は24時間交替制で E に待機している。

A

B

C

D

E

クリエイターのための職業検定
司法・法務編

PART.3で紹介した司法・法務について、問題に答えながら振り返ってみましょう。職業ごとの立場や関係もポイントです。

Q.1 下記の文章が正しければ〇を、間違っていれば×を記入しなさい。

問	解答欄
① 唯一検察官だけが被疑者を刑事裁判で起訴するか否かを決めることができる。	
② 弁護士が扱う事件は民事と刑事の2種類である。	
③ 刑務官は法務省矯正局に属する地方公務員である。	
④ 保護司はあくまで民間のボランティアという立場である。	
⑤ 罪を犯した人は警察に捕まった時点で受刑者とよばれる。	

Q.2 受刑者の1日のスケジュールについて、下記のA〜Cには何が入るか？ AとCには時間を、Bには言葉を入れなさい。

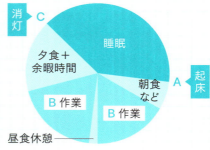

A	B	C

クリエイターのための職業検定
立法・行政編

一般常識
ネモ

PART.4 で紹介した立法・行政について、問題に答えながら振り返ってみましょう。常識的な知識も含まれているので復習必須です。

Q.1 図の A ～ C にはそれぞれ「指名」と「任命」のどちらが入るか。適当なほうを記入しなさい。

| A | B | C |

Q.2 下記の文章が正しければ○を、間違っていれば×を記入しなさい。

問	解答欄
① 軍人であっても大臣にはなれる。	
② 衆議院議員になれるのは満 30 歳以上と決まっている。	
③ 国費で秘書が賄われるのは国会議員だけである。	
④ 政治団体職員の仕事は、議員の選挙対策や広報活動のサポートに限られている。	
⑤ 政界フィクサーとは、総理大臣はもちろん、政界・財界の要人や実力者に対しても強い影響力を持つ人物のこと。	

クリエイターのための職業検定

自衛隊編

よく考える ネモ

PART.5 で紹介した自衛隊について、問題に答えながら振り返ってみましょう。陸・海・空それぞれの特徴をつかんで創作にいかしてください。

Q.1 下記の文章が正しければ〇を、間違っていれば×を記入しなさい。

問	解答欄
① 海上自衛隊にも航空機部隊がある。	
② 航空自衛隊は空から日本を守る唯一の組織である。	
③ 航空自衛隊の隊員であれば、航空機のパイロットになることができる。	
④ 陸上自衛隊には、地上戦闘力の骨幹である「特科部隊」がある。	
⑤ 自衛官になるには国籍や身体条件をクリアしなければならない。	

Q.2 下記の文章の空欄 A～C に入る数字や言葉を記入しなさい。

① 自衛隊は、自国の　A　と独立を守るために発足された。
② 海上自衛隊の活動は主に　B　における警戒監視である。
③ 航空自衛隊は、災害発生時の捜索救難のほか、国際平和協力活動においては航空機で人員と物資の　C　を担う。

A	B	C

クリエイターのための職業検定
マスコミ・芸能編

PART.6で紹介したマスコミ・芸能について、問題に答えながら振り返ってみましょう。柔軟性が高く、オリジナリティの出しやすい分野です。

Q.1 下記の文章のA～Jに入る言葉を記入しなさい。

① ディレククターは、番組制作の要となる　A　の責任者である。
② 芸能プロダクションは俳優、タレント、芸人、アーティストといった芸能人の活動を、　B　する会社である。
③ アナウンサーの採用試験では、筆記試験に加え、音声試験やカメラテストで　C　なども行う。
④ 俳優は主に2つに分けられ、テレビドラマや映画に出演する　D　俳優と、舞台上で演技をする　E　俳優がいる。
⑤ アーティストの生業は　F　を制作して発表し、　G　を開催して自身の作品を売ること。
⑥ アイドルには、握手会、サイン会といった　H　との交流も欠かせない。
⑦ YouTuberは、投稿動画の　I　に応じて広告収入を得ることができる。
⑧ 書籍や雑誌の企画から出版まで、　J　づくりの全工程に関わるのが編集者の役割。

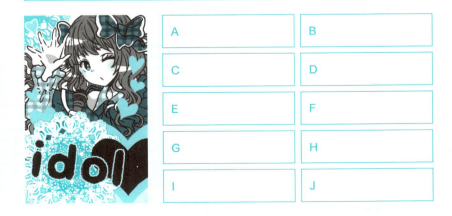

A	B
C	D
E	F
G	H
I	J

クリエイターのための職業検定

アンダーグラウンド編

PART.7で紹介したアンダーグラウンドについて、問題に答えながら振り返ってみましょう。上下関係やそれぞれの役割をつかむことが重要です。

Q.1 下記は指定暴力団の組織図です。A、Bに当てはまる言葉を記入しなさい。

A

B

Q.2 下記の文章が正しければ〇を、間違っていれば×を記入しなさい。

問	解答欄
① 半グレは暴力団ほど悪質な犯罪行為に手を染めることはない。	
② 闇バイトはインターネット上での求人や、SNSによる勧誘、知人からの紹介などから手を染めることが多い。	
③ 表の世界では出回らない極秘のネタを専門に売るのが、情報屋の仕事である。	
④ ヒットマンは創作の世界にのみ存在する。	
⑤ 世界的な組織犯罪集団のマフィアはアメリカを起源としている。	

クリエイターのための職業検定
問題解答編

何問できたネモか

警察編〜アンダーグラウンド編の問題の解答です。答え合わせをして、職業への理解度をより深めていきましょう。

P.148
- Q.1 捜査一課 — B
  捜査二課 — C
  捜査三課 — A
- Q.2 ① ×
  ② ○
  ③ ×
  ④ ×

P.149
- Q.1 A 6
  B 医師免許
  C 2
- Q.2 A 心
  B 国
  C 合格
  D 診療放射線技師
  E 消防署

P.150
- Q.1 ① ○
  ② ×
  ③ ×
  ④ ○
  ⑤ ×
- Q.2 A 6:30
  B 刑務
  C 21:00

P.151
- Q.1 A 指名
  B 任命
  C 任命
- Q.2 ① ×
  ② ×
  ③ ○
  ④ ×
  ⑤ ○

P.152
- Q.1 ① ○
  ② ○
  ③ ×
  ④ ×
  ⑤ ○
- Q.2 A 平和
  B 海
  C 輸送

P.153
- Q.1 A 現場
  B マネジメント
  C 原稿読み
  D 映像
  E 舞台
  F 楽曲
  G ライブ
  H ファン
  I 再生回数
  J 本

P.154
- Q.1 A 若頭
  B 舎弟頭
- Q.2 ① ×
  ② ○
  ③ ○
  ④ ×
  ⑤ ×

155

クリエイターのための職業検定

創作実践編

想像力が
大切ネモ

PART.1〜7の仕上げとして、実際に職業設定を考えながら創作してみましょう。やってみたい方向性で気軽にチャレンジしてください。

STEP.1 まずはどんな内容にするか、プロット（ストーリーの概要）を考えましょう。おおまかにあらすじを書いてみるだけでも大丈夫です。

STEP.2 プロットに基づき、どんな人物を登場させるか考えましょう。PART.1〜PART.7で紹介した職業のなかから職業を選び、それに合った**性格**を付与します。

メインキャラ①

【職業】

職業は何？

階級や保持する資格、能力は？

ストーリーでのポジションは？
（主人公、ライバルなど）

【性格】

表の顔は？

裏の顔（本性）は？

どんな過去を持っている？

どんな価値観を持っている？

クリエイターのための職業検定
創作解答編

ここでは、秀島先生による解答例を紹介します。自分の書いた文章と比べつつ、プロの小説家ならではの発想力や着眼点などに注目して、今後の創作に役立てましょう。

STEP.1
SNSを介して個人端末データを奪取する謎のウイルスが席巻した。事件を追う警察。捜査線上に浮上する新興半グレ組織。かつて関西の闇社会を支配した指定暴力団の関与も疑われる。が、事件の裏では、大臣を巻き込み、政界大転覆を企てるフィクサーの存在があった。

STEP.2

職業　**職業は何？**
主人公は警視庁捜査二課の刑事。30代前半男性。

階級や保持する資格、能力は？
かつてはキャリアエリートの警部補。デジタル知見に長け、大学時代は米国に留学してAIなど最先端IT技術を学ぶ。

ストーリーでのポジションは？（主人公、ライバルなど）
容疑者として半グレや指定暴力団が浮上し、凶悪犯罪との関連も疑われるため、一課やマル暴のライバル刑事と衝突する。

性格　**表の顔は？**
エリート然と取り澄ましつつ、無難な仕事しかこなさないが、本ウイルス事件にかつての自分を重ね合わせて苦悶する。

裏の顔（本性）は？
負けず嫌いで情に厚い正義漢。何より警察という職業に誇りを持っている。

どんな過去を持っている？
捜査ミスで仲間を死に追い込んだトラウマに囚われている。同時に取り逃がした真犯人をネット上で独自に捜していた。

どんな価値観を持っている？
亡き祖父は交番勤務の警察官として生涯をまっとうした。彼の善を信じる心を受け継ぎ、警察官となった。

おわりに

　本書を最後までお読みくださり、ありがとうございます。
　計7つのチャプターで取り上げた『職業』は、トータルで52種類になります。物語創作のために特化して仕事と組織を解説した書籍は、おそらくこれが初の試みではないでしょうか。
　じつはこの本を書くに至った経緯は、私自身の苦い経験からです。「はじめに」の冒頭で触れたように、新しい物語の執筆に向けてキーとなる登場人物を設定する際、必ず初期段階でぶち当たる壁のひとつが『職業』の選定でした。
　なかでも検討候補として毎回のように挙がってくるのが、ここに登場させた7つの業界に及ぶ『職業』たちです。
　私が新作に着手するたび、参考文献を読み漁り、ネットで情報を収集し、資料としてまとめるわけですが、なかなかこれが一筋縄ではいきません。いつの間にかパソコン上の膨大なフォルダのひとつに紛れて見失ったり、プリントアウトした紙のファイルごと紛失したりして、また一から『職業』詳細を調べてまとめる作業を繰り返さなければなりませんでした。

「これはきっと、たくさんの書き手の方たちも、自分と同じように悪戦苦闘して二の足を踏んでいるに違いない──」

ある日、ふとそう思い立ち、担当編集のみなさまと別件の打ち合わせ時に言葉を漏らしたところ、「ではいっそのこと、クリエイターのための職業図鑑をつくろう！」という運びになりました。しかも監修として『職業』のプロである採用・就活コンサルタントの高田晃一さんにご協力いただきました。

そんな本書の活用方法ですが、大きく分けて２つあると考えています。ひとつはパラパラと辞書的にめくりながら、キャラクター自体を生み出す着想を得るためにお使いください。もうひとつはキャラ像を固める段階で、性格や特徴にフィットする仕事を見つけるための就職ガイドとしてお役立ていただければ幸いです。

いずれにせよこの一冊が、ひとりでも多くのクリエイターのためのキャラクター設定の参考になれば、これに勝る歓びはありません。

2025年　新年のよく晴れた午後　　　　秀島 迅

著　**秀島 迅**（ひでしま じん）

青山学院大学経済学部卒。2015年、応募総数日本一の電撃小説大賞（KADOKAWA）から選出され、『さよなら、君のいない海』で単行本デビュー。小説家として文芸誌に執筆活動をしながら、芸能人や著名人のインタビュー、著述書、自伝などの執筆も行っている。近著に長編青春小説『その一秒先を信じて シロの篇/アカの篇』2作同時発売（講談社）、『プロの小説家が教える クリエイターのための語彙力図鑑 上級編』（日本文芸社）などがある。また、コピーライターや映像作家としての顔も持ち、企業CM制作のシナリオライティングなど、現在も月10本以上手がけている。
X（旧Twitter）：@JinHideshima

監修　**高田晃一**（たかだ こういち）

採用・就活コンサルタント。1977年生まれ。東京理科大学大学院修了。採用コンサルタントとして全国250社以上の採用を成功に導く。不人気業界でもコスパ最強で確実に採用できる仕組みづくりに長けている。あらゆる職業に造詣が深く、就活コンサルタントとしてほとんど毎日就活生からの相談を受けており、22,000名以上の内定獲得を支援する。人気企業ランキングに囚われず、自身が安心して長く働ける優良大手ホワイト企業への就活支援が専門である。採用と就活の両方の事情を熟知する。テレビ出演実績多数。官公庁や大学などでの講演実績多数。
https://takada188.com/

キャラクター設定で使える クリエイターのための職業と組織事典

2025年3月10日 第1刷発行

著　者　秀島 迅
監修者　高田晃一
発行者　竹村 響
印刷所　株式会社文化カラー印刷
製本所　大口製本印刷株式会社
発行所　株式会社 日本文芸社
〒100-0003　東京都千代田区一ツ橋1-1-1 パレスサイドビル8F

Printed in Japan　112250226-112250226 Ⓝ 01 (201135)
ISBN978-4-537-22266-1
©Jin Hideshima 2025
編集担当　藤澤

乱丁・落丁などの不良品、内容に関するお問い合わせは、小社ウェブサイトお問い合わせフォームまでお願いいたします。
ウェブサイト　https://www.nihonbungeisha.co.jp/

法律で認められた場合を除いて、本書からの複写・転載（電子化を含む）は禁じられています。また、代行業者等の第三者による電子データ化および電子書籍化は、いかなる場合も認められていません。